내공
중학영어독해

예비중
1

DARAKWON

저자 약력

Rachel Somer

York University (캐나다 토론토) 영문학 학사
〈Fundamental Reading Basic 1, 2〉 (다락원), TOEIC, TOEFL 등 다수의 영어 교재 집필
10년 이상의 ESL 강의 경험 보유

내공 중학영어독해 예비중 ❶

지은이 Rachel Somer
펴낸이 정규도
펴낸곳 (주)다락원

초판 1쇄 발행 2021년 3월 2일
초판 5쇄 발행 2024년 11월 19일

편집 서정아
디자인 박나래, 박선영

다락원 경기도 파주시 문발로 211
내용문의 (02)736 – 2031 내선 503
구입문의 (02)736 – 2031 내선 250~252
Fax (02)732 – 2037
출판등록 1977년 9월 16일 제 406-2008-000007호

Copyright © 2021, Darakwon

저자 및 출판사의 허락 없이 이 책의 일부 또는 전부를 무단 복제·전재·발췌할 수 없습니다. 구입 후 철회는 회사 내규에 부합하는 경우에 가능하므로 구입처에 문의하시기 바랍니다. 분실·파손 등에 따른 소비자 피해에 대해서는 공정거래위원회에서 고시한 소비자 분쟁 해결 기준에 따라 보상 가능합니다. 잘못된 책은 바꿔드립니다.

ISBN   978 – 89 – 277 – 0454 – 6 54740
           978 – 89 – 277 – 0453 – 9 54740 (set)

Photo Credits
Daniele COSSU (p.9), MAURO UJETTO (p.12),
magicinfoto (p.43), jonny89 (p.43), BOULENGER Xavier
(p.44), Nancy Ann Ellis (p.104) / Shutterstock.com

http://www.darakwon.co.kr
다락원 홈페이지를 방문하시면 상세한 출판정보와 함께
동영상강좌, MP3자료 등 다양한 어학 정보를 얻으실 수 있습니다.

내신공략! 독해공략!

내공
중학영어독해

예비중
1

DARAKWON

구성 및 특징

지문 QR 코드
QR코드를 스캔 하면 해당 지문을 MP3 파일로 바로 들어볼 수 있습니다. (스마트 기기에 QR코드 인식앱을 설치한 후 사용하세요.)

독해 지문 학습

Unit별로 4개의 지문을 학습합니다. 동물, 식물, 인물, 문화, 사회, 역사, 우주 등 재미있고 유익한 지문을 통해 독해력을 향상시킬 수 있습니다.

지문 정보

지문의 단어 수와 난이도를 확인할 수 있습니다. (난이도 상 ★★★, 중 ★★☆, 하 ★☆☆)

Word Check

학교 시험에 자주 출제되는 영영 뜻풀이 문제를 연습할 수 있으며 단어의 이해도를 높일 수 있습니다.

---

03 Culture

112 words ★★☆

> 여러분의 나라에는 어떤 음식 축제가 있나요?

Do you like cheese? Every year, Spain hosts the National Cheese Festival. It takes place at the end of April in the city of Trujillo.

The National Cheese Festival showcases many cheeses. There are over 300 different kinds! Some of the cheeses are made in Spain. Others are from other countries. You can learn about your favorite cheeses there. You can also discover new cheeses.

(①) Are you curious about how to make cheese? (②) You can learn about that, too. (③) You can also taste the cheeses. (④) Restaurants serve special cheese dishes. (⑤) Try taking a cooking class and cook with your favorite cheeses!

Word Check

다음 영영 뜻풀이에 해당하는 단어를 글에서 찾아 쓰시오.

1 _____ to learn something new
2 _____ to arrange a special event
3 _____ to show the good qualities of something

016

Unit별 주요 어휘 미리 보기

지문의 주요 어휘를 미리 살펴보고 문제를 통해 확인할 수 있습니다. 상단 QR코드 스캔 시 원어민 성우의 발음을 들을 수 있습니다.

주제 찾기, 세부 사항 파악, 글의 흐름 등 다양한
독해 문제와 서술형 문제를 연습할 수 있습니다.
지문에 따라 3~4문제가 수록되어 있습니다.

1 글의 제목으로 알맞은 것은?

① Places to Visit in Spain
② The Best Cheese Dishes
③ Different Types of Cheeses
④ A Festival for Cheese Lovers
⑤ Food Festivals around the World

2 밑줄 친 the National Cheese Festival에 관한 글의 내용과 일치하지 않는 것은?

① 스페인 트루히요(Trujillo)에서 열린다.
② 매년 4월 말에 개최된다.
③ 300여 종류의 치즈가 있다.
④ 스페인산 치즈만을 맛볼 수 있다.
⑤ 치즈 요리를 맛보거나 배울 수 있다.

3 다음 문장이 들어갈 위치로 가장 알맞은 곳은?

> There are many other things to do at the cheese festival.

①　　　　②　　　　③　　　　④　　　　⑤

SUMMARY

글의 주요 내용을 표나 요약문으로 정리해보는
Summary 문제가 수록되어 있습니다.

4 다음 빈칸에 알맞은 단어를 글에서 찾아 쓰시오.

The National Cheese Festival

When	At the end of ....
Where	in ...., Spain
Things to do	• Learn how to .... cheese • Taste the cheeses • .... with your favorite cheeses

UNIT 01 | 017

Expand Your Knowledge

Unit 마지막에는 지문과 관련된 배경 지식과 상식
을 넓힐 수 있는 읽을거리가 수록되어 있습니다.

Workbook

각 Unit의 주요 어휘 및 해석이 어려운 문장을 워
크북을 통해 복습할 수 있습니다.

After Reading

Expand Your Knowledge

페루의 잉카 유적지 마추픽추 ◀▶

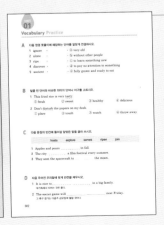

01
Vocabulary Practice

A 다음 영영 뜻풀이에 해당하는 단어를 알맞게 연결하시오.

1 ignore · · ⓐ very old
2 alone · · ⓑ without other people
3 ripe · · ⓒ to learn something new
4 discover · · ⓓ to pay no attention to something
5 ancient · · ⓔ fully grown and ready to eat

B 밑줄 친 단어와 비슷한 의미의 단어나 어구를 고르시오.

1 This fried rice is very tasty.
① fresh ② sweet ③ healthy ④ delicious

2 Don't disturb the papers on my desk.
① place ② touch ③ watch ④ throw away

C 다음 문장의 빈칸에 들어갈 알맞은 말을 골라 쓰시오.

hosts　explore　serves　ripen　join

1 Apples and pears .... in fall.
2 The city .... a film festival every summer.
3 They sent the spacecraft to .... the moon.

D 다음 주어진 우리말에 맞게 빈칸을 채우시오.

1 It is nice to .... in a big family.
(대가족에서 자라는 것은 좋다.)
2 The soccer game will .... next Friday.
(그 축구 경기는 다음주 금요일에 열릴 것이다.)

온라인 학습자료 www.darakwon.co.kr

단어 리스트, 단어 테스트, Dictation 테스트, 지
문 해석 시트, Review Test 등 다양한 부가자료
를 무료로 이용할 수 있습니다.

목차

UNIT
01

Words & Phrases 중요 단어/숙어 미리 보기

01 People

ignore	통 무시하다	protest	통 항의하다
activist	명 운동가	sign	명 신호; *팻말
grow up	자라다	alone	형 혼자
climate change	기후 변화	million	명 100만
decide	통 결심하다	join	통 함께 하다

02 Food

ripe	형 익은	kitchen counter	명 주방 조리대
tasty	형 맛있는	darken	통 거무스름해지다
hard	형 단단한	place	통 놓다, 두다
ripen	통 익다, 익히다	process	명 과정
refrigerator	명 냉장고	add	통 더하다

03 Culture

host	통 주최하다	discover	통 발견하다
national	형 국가의, 전국적인	curious	형 궁금한
take place	개최되다, 열리다	taste	통 맛보다
showcase	통 전시하다, 진열하다	serve	통 제공하다
country	명 국가, 나라	dish	명 요리

04 Places

ancient	형 고대의	temple	명 사원, 절
build	통 짓다, 세우다	due to	~ 때문에
sit	통 앉다; *있다	visitor	명 방문객
top	명 맨 위, 꼭대기	careful	형 조심하는
explore	통 탐험하다	disturb	통 건드리다, 흩뜨리다

A 그림에 해당하는 단어를 골라 쓰시오.

climate change	ripe	kitchen counter	showcase	taste	careful

1 _____

2 _____

3 _____

4 _____

5 _____

6 _____

B 빈칸에 알맞은 단어를 골라 쓰시오.

build	explore	ignore	process	takes place	tasty

1 It is fun to _____ new places.

2 The tomato festival _____ in Spain.

3 It took three years to _____ the shopping mall.

4 We should not _____ other people's opinions.

5 Cheesecake, ice cream, and cookies are all _____ foods.

6 This video shows the _____ of making films.

01 People

여러분은 환경을 위해 무엇을 할 수 있나요?

The Earth is getting warmer and warmer. Many people are ignoring this problem. But one activist is trying her best. Who is she?

Greta Thunberg was born in 2003. She grew up in Sweden. At the age of eight, she learned about climate change at school. She wondered why people did not care about it. She started losing hope.

In 2018, Greta decided to act. She did not go to school on Fridays. _____, she protested climate change. She held a sign that read, "School *Strike for Climate." At first, she stood alone. But she soon became very popular. Today, millions of people around the world join her to fight climate change.

*strike 파업

1 글의 주제로 가장 알맞은 것은?

① 환경 오염의 종류

② 기후 변화의 원인

③ 기후 변화의 영향

④ 10대들의 관심사

⑤ 10대 환경 운동가

2 Greta Thunberg에 관한 글의 내용과 일치하면 T, 그렇지 않으면 F를 쓰시오.

(1) 2018년에 학교를 그만두었다. _____

(2) 기후 변화에 맞서는 1인 시위를 했다. _____

서술형

3 글의 밑줄 친 it이 가리키는 것을 찾아 쓰시오.

_____

4 글의 빈칸에 들어갈 말로 가장 알맞은 것은?

① Instead　　　　　② Similarly

③ Therefore　　　　④ In addition

⑤ For example

Word Check

다음 영영 뜻풀이에 해당하는 단어를 글에서 찾아 쓰시오.

1 _____ without other people

2 _____ someone who works hard to achieve social or political change

3 _____ to publicly express that you disagree with something

02 Food

아보카도를 먹어본 적이 있나요?

Have you ever tried a ripe avocado? Avocados are tasty and soft. However, they are usually hard when they are sold. How can you ripen them at home?

You should not put avocados in the refrigerator. Instead, keep them on the kitchen counter. (a) The room should be warm but not too hot. (b) It takes 3 to 7 days for them to ripen. (c) As they become soft, they darken. (d) Avocados are used in many Mexican dishes. (e) Then, place the ripe avocados in the refrigerator.

You can speed up the process. Place the avocados in a paper bag. Add an apple or a banana. The avocados will be ripe in a few days.

1 글의 제목으로 가장 알맞은 것은?

① How to Grow Avocados

② How to Ripen Avocados

③ Popular Mexican Dishes

④ Food Made with Avocados

⑤ Health Benefits of Avocados

2 글의 (a) ~ (e) 중, 전체 흐름과 관계 <u>없는</u> 문장은?

① (a)　　　② (b)　　　③ (c)　　　④ (d)　　　⑤ (e)

3 아보카도에 관한 글의 내용과 일치하면 T, 그렇지 않으면 F를 쓰시오.

(1) 나무에서 충분히 익은 상태로 수확된다. ＿＿＿＿＿＿

(2) 익을수록 색이 검게 변한다. ＿＿＿＿＿＿

서술형

4 글의 내용과 일치하도록 다음 질문에 답하시오.

Q How can you ripen avocados faster?

A Place the avocadoes in a paper bag with a(n) ＿＿＿＿＿＿＿ or

a(n) ＿＿＿＿＿＿＿.

Word Check

다음 영영 뜻풀이에 해당하는 단어를 글에서 찾아 쓰시오.

1 ＿＿＿＿＿＿＿ to become blacker in color

2 ＿＿＿＿＿＿＿ fully grown and ready to eat

3 ＿＿＿＿＿＿＿ a series of actions to do something

03 Culture

> 여러분의 나라에는 어떤 음식 축제가 있나요?

Do you like cheese? Every year, Spain hosts the National Cheese Festival. It takes place at the end of April in the city of Trujillo.

The National Cheese Festival showcases many cheeses. There are over 300 different kinds! Some of the cheeses are made in Spain. Others are from other countries. You can learn about your favorite cheeses there. You can also discover new cheeses.

(①) Are you curious about how to make cheese? (②) You can learn about that, too. (③) You can also taste the cheeses. (④) Restaurants serve special cheese dishes. (⑤) Try taking a cooking class and cook with your favorite cheeses!

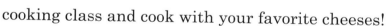

Word Check

다음 영영 뜻풀이에 해당하는 단어를 글에서 찾아 쓰시오.

1 _____ to learn something new

2 _____ to arrange a special event

3 _____ to show the good qualities of something

1 글의 제목으로 알맞은 것은?

① Places to Visit in Spain
② The Best Cheese Dishes
③ Different Types of Cheeses
④ A Festival for Cheese Lovers
⑤ Food Festivals around the World

2 밑줄 친 the National Cheese Festival에 관한 글의 내용과 일치하지 <u>않는</u> 것은?

① 스페인 트루히요(Trujillo)에서 열린다.
② 매년 4월 말에 개최된다.
③ 300여 종류의 치즈가 있다.
④ 스페인산 치즈만을 맛볼 수 있다.
⑤ 치즈 요리를 맛보거나 배울 수 있다.

3 다음 문장이 들어갈 위치로 가장 알맞은 곳은?

> There are many other things to do at the cheese festival.

①   ②   ③   ④   ⑤

SUMMARY

4 다음 빈칸에 알맞은 단어를 글에서 찾아 쓰시오.

The National Cheese Festival

When	At the end of _____
Where	in _____, Spain
Things to do	• Learn how to _____ cheese • Taste the cheeses • _____ with your favorite cheeses

04 Places

역사적인 유적지를 방문해본 적이 있나요?

Dear Sam,

This summer, I traveled to Machu Picchu with my family. It is an ancient Inca city in Peru. It was built by an Inca king around 1450. The city wasn't very large. Only about 1,000 people lived there. But it sat on top of a mountain!

There are so many things to see at Machu Picchu. I explored the city with my family. We saw many temples. Our guide said, "The city walls are very short now. This is due to *erosion. Visitors should be careful. We should not disturb the stones."

I had a great time visiting such an old place!

Your friend, Tom

*erosion 침식

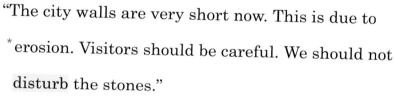

Word Check

다음 영영 뜻풀이에 해당하는 단어를 글에서 찾아 쓰시오.

1 _____ very old

2 _____ to move something or change its position

3 _____ to travel around an area to learn about it

1 글의 주제로 가장 알맞은 것은?

① Inca temples in Peru

② a summer vacation trip

③ planning summer vacation

④ the history of Machu Picchu

⑤ ancient cities around the world

2 마추픽추(Machu Picchu)에 관해 글을 읽고 답할 수 <u>없는</u> 질문은?

① Where is the city?

② When was the city built?

③ How many people lived in the city?

④ Who discovered the city?

⑤ What should visitors not do?

3 According to the passage, the city walls are so short due to _____.

① the sun   ② animals   ③ people   ④ erosion   ⑤ stones

SUMMARY

4 주어진 단어를 이용해 빈칸을 완성하시오.

Machu Picchu was a(n) _____ Inca city in Peru. It was built around 1450. The city wasn't large, but it sat on top of a(n) _____. I explored the city and saw many _____. The city walls are very _____ now due to erosion. Visitors should not disturb the stones.

short   ancient   temples   mountain

페루의 잉카 유적지 마추픽추 p.18

원주민어로 '오래된 봉우리'를 뜻하는 마추픽추(Machu Picchu)는 남아메리카 페루의 해발 2,430m에 자리한 고대 도시이다. 잉카 제국 절정기에 건설되어 여러 신전과 궁전을 중심으로 주택, 계단식 경작지 등으로 이루어져 있다. 마추픽추는 산과 절벽, 수풀에 묻힌 채 아무도 그 존재를 몰랐기에 '잃어버린 도시' 또는 '공중도시'라고도 불린다. 마추픽추는 1911년 미국인 고고학자 하이럼 빙엄에 의해 처음 발견되었으며, 과거 잉카인들의 문화유산과 주변의 자연이 잘 보존되어 있어 1983년에는 유네스코 세계문화유산으로 지정되기도 하였다.

UNIT
02

05 Health
에취! 에취! 세균이 왔어요

06 Teens
다투고 화해하고 우리는 친구

07 Entertainment
네 꿈을 펼쳐라!

08 Places
대통령을 품은 러시모어 산

Words & Phrases 중요 단어/숙어 미리 보기

05 Health

☐ cold	명 감기	☐ shield	명 방패
☐ prevent	동 막다	☐ tissue	명 (뽑아서 쓰는) 휴지
☐ spread	명 확산, 전파	☐ bend	동 굽히다
	동 퍼지다, 퍼뜨리다	☐ cough	동 기침하다
☐ germ	명 세균	☐ sleeve	명 옷소매
☐ sneeze	동 재채기하다		

06 Teens

☐ get into a fight with	～와 싸우다	☐ depressed	형 우울한
☐ landscape	명 풍경; *풍경화	☐ friendship	명 우정
☐ laugh at	～을 비웃다	☐ communication	명 소통
☐ upset	형 화가 난	☐ apologize	동 사과하다
☐ argue	동 언쟁하다, 다투다	☐ promise	동 약속하다

07 Entertainment

☐ competition	명 경연	☐ judge	명 심사위원
☐ adult	명 성인	☐ form	동 구성하다
☐ air	동 방송하다, 방송되다	☐ viewer	명 시청자
☐ perform	동 공연하다	☐ vote	동 투표하다
☐ audition	명 오디션	☐ record	동 녹음하다

08 Places

☐ landmark	명 랜드마크, 명소	☐ sculptor	명 조각가
☐ massive	형 거대한	☐ model	명 모형
☐ carve	동 조각하다	☐ tool	명 도구, 공구
☐ belong to	～의 것이다	☐ amazingly	부 놀랍게도
☐ president	명 대통령	☐ cost	동 ～의 비용이 들다

A 그림에 해당하는 단어를 골라 쓰시오.

cold	germ	vote	landmark	carve	tool

1 _____

2 _____

3 _____

4 _____

5 _____

6 _____

B 빈칸에 알맞은 단어를 골라 쓰시오.

spread	tissue	depressed	air	performed	massive

1 I need a(n) _____ to blow my nose.

2 Some seeds are _____ by the wind.

3 Some dinosaurs were _____ animals.

4 The girl was _____ after her dog died.

5 They _____ the dance on stage.

6 The comedy show will _____ on TV next week.

05 Health

Q
재채기가 나오면 어떻게 해야 할까요?

The cold and *flu season happens in the colder months. When you are sick, you might **infect others. How can you prevent the spread of germs?

You should cover your face when you sneeze. Most people use their hands as a shield, but this is actually a bad idea. When you sneeze into your hands, germs get on your skin. Then, you spread these germs by touching things.

Instead, you should sneeze into a tissue. If you don't have a tissue, you can use your arm. Bend your arm around your face. Then, sneeze or cough into your sleeve. This will prevent the germs from spreading.

*flu 독감 **infect 감염시키다

1 글의 주제로 가장 알맞은 것은?

① 재채기를 하는 이유

② 감기에 걸리는 과정

③ 재채기와 기침의 차이

④ 감기를 일으키는 세균들

⑤ 안전하게 재채기 하는 방법

2 글의 내용과 일치하면 T, 그렇지 않으면 F를 쓰시오.

(1) 재채기를 통해 세균이 퍼질 수 있다. _____

(2) 손으로 얼굴을 가리고 재채기를 해야 한다. _____

서술형

3 다음 빈칸에 알맞은 단어를 글에서 찾아 쓰시오.

To prevent the spread of germs, you should sneeze into a(n)

_____ or your _____.

Word Check

다음 영영 뜻풀이에 해당하는 단어를 글에서 찾아 쓰시오.

1 _____ a very small living thing that can make you ill

2 _____ the part of a jacket or shirt that covers your arm

3 _____ a piece of metal that soldiers carried to protect their bodies while fighting

06 Teens

친구와 싸우고 난 뒤 어떻게 화해하나요?

(A) <u>Recently, I got into a fight with my best friend.</u> It happened in art class. We were painting landscapes. My friend Jessica laughed at my painting. I got very upset, so we argued.

(①) After the fight, I felt very depressed. (②) Jessica was not happy, either. (③) We didn't talk to each other for over a week. (④) She told me, "Friendships are not always easy. (⑤) Communication is very important. So try talking to Jessica about how you feel."

The next day, I told her how I felt when she laughed at my painting. Jessica apologized. She promised to be kinder in the future.

1   글의 제목으로 가장 알맞은 것은?

① My Favorite Class
② How to Paint Better
③ Making Up After a Fight
④ Asking a Teacher for Advice
⑤ The Importance of Friendship

2   글에 따르면, 밑줄 친 (A)의 이유로 가장 알맞은 것은?

① Jessica가 글쓴이에게 화를 냈기 때문에
② Jessica가 글쓴이에게 거짓말을 했기 때문에
③ Jessica가 글쓴이의 물건을 잃어버렸기 때문에
④ Jessica가 글쓴이의 그림을 망쳐놓았기 때문에
⑤ Jessica가 글쓴이의 그림을 보고 비웃었기 때문에

3   다음 문장이 들어갈 위치로 가장 알맞은 곳은?

Eventually, I asked my teacher for advice.

①   ②   ③   ④   ⑤

서술형
4   글의 내용과 일치하도록 다음 질문에 답하시오.

Q What did Jessica promise to do?
A She promised to be _____ in the future.

Word Check

다음 영영 뜻풀이에 해당하는 단어를 글에서 찾아 쓰시오.

1 _____ very unhappy
2 _____ to say that you are sorry
3 _____ to speak angrily to each other

07 Entertainment

어떤 종류의
오디션 프로그램을
알고 있나요?

Most singing competitions are for adults. But there is a special competition just for _____.

The Voice Kids first aired in the Netherlands in 2012. Children aged 8 to 14 entered. They performed auditions for three judges. If

the judges liked an audition, they turned their chairs. Then, the judges formed teams. They helped the children sing and perform better.

Since 2012, the format has been marketed worldwide. Many other countries have aired their own versions. The competitions are shown on TV. Viewers get to vote for their favorite singers. The winners get a cash prize. They also get to record their own songs.

1 글의 빈칸에 들어갈 말로 가장 알맞은 것은?

① men   ② women

③ children   ④ students

⑤ teenagers

2 *The Voice Kids*에 관한 글의 내용과 일치하지 <u>않는</u> 것은?

① 2012년에 처음 방송되었다.

② 참가자의 나이 제한이 있다.

③ 세 명의 심사위원이 있다.

④ 심사위원과 참가자가 팀을 꾸린다.

⑤ 심사위원이 우승자를 뽑는다.

3 글에 따르면, 심사위원이 오디션이 마음에 들었을 때 하는 행동은?

① 손을 든다.

② 벨을 누른다.

③ 이름을 부른다.

④ 의자를 돌린다.

⑤ 자리에서 일어난다.

서술형

4 글의 밑줄 친 <u>They</u>가 가리키는 것을 찾아 쓰시오.

_____

Word Check

다음 영영 뜻풀이에 해당하는 단어를 글에서 찾아 쓰시오.

1 _____ to do something in front of an audience

2 _____ to choose the person or party you want to win

3 _____ an event in which people try to win a prize

08 Places

110 words ★★☆

여러분이 사는 곳에는 어떤 랜드마크가 있나요?

Mount Rushmore is a famous American landmark in South Dakota. There are four massive faces carved into the mountain. These faces belong to American presidents.

Carving Mount Rushmore was not easy. First, a sculptor named Gutzon Borglum made a model. Each inch became one foot on the mountain. Then, about 400 workers helped carve the mountain. They used hand tools and dynamite to cut the rock. Amazingly, no one died on the job.

The project began in 1927. It did not finish until 1941. It cost nearly $1 million. Today, Mount Rushmore is very popular. Tourists visit it just to see the faces. Each face is about 60 feet tall.

Word Check

다음 영영 뜻풀이에 해당하는 단어를 글에서 찾아 쓰시오.

1 _____ very large or heavy

2 _____ a building or place that is easily recognized

3 _____ to cut in order to form something

1 러시모어산(Mount Rushmore)에 관해 글을 읽고 답할 수 <u>없는</u> 질문은?

① Where is Mount Rushmore?

② Who designed Mount Rushmore?

③ How many people worked on Mount Rushmore?

④ How tall is each president's face?

⑤ Which presidents' faces were carved into Mount Rushmore?

2 러시모어산에 관한 글의 내용과 일치하면 T, 그렇지 않으면 F를 쓰시오.

(1) 산을 조각하기 전에 모형을 만들었다. _____

(2) 바위를 자르는 과정에서 많은 인명 피해가 있었다. _____

3 오늘날 러시모어산에 관한 글의 내용과 일치하는 것은?

① The faces are broken.

② The area is dangerous.

③ It is not very impressive.

④ It is a popular place to visit.

⑤ The project is not finished yet.

SUMMARY

4 주어진 단어를 이용해 빈칸을 완성하시오.

> Mount Rushmore is a famous American _____. It has the faces of four U.S. presidents carved into it. Carving Mount Rushmore was _____. A sculptor made a _____. Then, about 400 workers _____ the mountain. It took from 1927 to 1941 to carve it. It cost nearly $1 million. Today, many people visit it to see the faces.

carved   landmark   model   difficult

프랑스
에펠 탑

미국
자유의 여신상

이탈리아
콜로세움

이집트
스핑크스와 피라미드

인도
타지마할

러시아
성 바실리 대성당

세계의 랜드마크 p.30

랜드마크(landmark)는 어떤 지역을 식별하기 위한 사물로서 그 지역을 대표하는 장소나 건물, 주위 경관 중에서 두드러지게 눈에 띄는 것을 말한다. 그러나 오늘날에는 뜻이 더 넓어져 '어느 지역' 또는 '어느 나라'하면 떠오르는 것을 그 곳의 랜드마크라고 부르기도 한다. 전 세계적으로 유명한 랜드마크에는 프랑스의 '에펠 탑(Eiffel Tower)', 뉴욕의 '자유의 여신상(Statue of Liberty)', 이탈리아의 '콜로세움(Colosseum)', 이집트의 '스핑크스(Sphinx)와 피라미드(Pyramid)', 인도의 '타지마할(Taj Mahal)', 러시아의 '성 바실리 대성당(St. Basil's Cathedral)' 등이 있다.

UNIT
03

Words & Phrases 중요 단어/숙어 미리 보기

09 Teens

- ☐ nowadays — 부 요즘에는
- ☐ distraction — 명 집중을 방해하는 것
- ☐ message — 동 메시지를 보내다
- ☐ focus on — ~에 집중하다
- ☐ mature — 형 성숙한

- ☐ responsibly — 부 책임감 있게
- ☐ academy — 명 학원
- ☐ ride — 동 타다
- ☐ safe — 형 안전한
- ☐ emergency — 명 응급 상황, 비상시

10 Environment

- ☐ area — 명 지역
- ☐ desert — 명 사막
- ☐ soil — 명 토양, 흙
- ☐ dust — 명 먼지
- ☐ breathe — 동 숨쉬다

- ☐ airline — 명 항공사
- ☐ forest — 명 숲
- ☐ plant — 동 심다
- ☐ select — 동 선택하다
- ☐ sand — 명 모래

11 History

- ☐ wig — 명 가발
- ☐ costume — 명 의상
- ☐ baldness — 명 대머리
- ☐ shave — 동 면도하다, 밀다
- ☐ ugly — 형 추한

- ☐ bald — 형 대머리의
- ☐ class — 명 계급, 계층
- ☐ wool — 명 양모
- ☐ show off — 자랑하다, 돋보이게 하다
- ☐ wealth — 명 부

12 Sports

- ☐ on horseback — 말을 타고
- ☐ match — 명 시합
- ☐ hit — 동 치다
- ☐ stick — 명 막대
- ☐ common — 형 흔한

- ☐ carry — 동 나르다
- ☐ steer — 동 조종하다, 몰다
- ☐ exciting — 형 흥미진진한
- ☐ skilled — 형 숙련된
- ☐ compete — 동 경쟁하다, (대회에) 참가하다

A 그림에 해당하는 단어를 골라 쓰시오.

| distraction | emergency | breathe | plant | select | wig |

1 _____

2 _____

3 _____

4 _____

5 _____

6 _____

B 빈칸에 알맞은 단어를 골라 쓰시오.

| safe | soil | airline | sand | wool | match |

1 It is not _____ to drive on icy roads.

2 Plants need good _____ to grow.

3 We cheered for our team at the _____.

4 Sweaters are often made of _____.

5 The flight attendant works for a(n) _____.

6 The _____ at the beach is warm and golden.

09 Teens

108 words ★☆☆

휴대 전화의 장단
점을 살펴봅시다.

Tina:

Nowadays, teens have busy schedules. Having a cell phone can be a distraction. Many teens play games on their cell phones. They also message their friends a lot. _____, they do not focus on their studies. For this reason, I think teens should not have cell phones.

Ben:

It is true that cell phones can be a distraction. However, many teens are mature. They can learn how to use a phone responsibly. Many teens also go to academies or ride on buses alone. Are they safe in these situations? Not always. Teens can use cell phones in emergencies. For these reasons, I think teens should have cell phones.

Word Check

다음 영영 뜻풀이에 해당하는 단어를 글에서 찾아 쓰시오.

1 _____ not dangerous

2 _____ something that makes it difficult to pay attention

3 _____ behaving in a sensible, responsible way

1 토론의 주제로 가장 알맞은 것은?

① 학업의 중요성

② 학원 수강의 장단점

③ 응급 상황 시 대처 요령

④ 교내 휴대 전화 사용 제한

⑤ 십대들의 휴대 전화 필요성

2 글의 빈칸에 들어갈 말로 가장 알맞은 것은?

① Instead   ② Similarly

③ However   ④ As a result

⑤ For example

3 다음 중 Ben의 의견에 해당하는 것은?

① Cell phones are a waste of time.

② Cell phones are necessary for safety.

③ Cell phones can cause health problems.

④ Cell phones help teens improve their grades.

⑤ Cell phones shouldn't be allowed in classrooms.

SUMMARY

4 다음 빈칸에 알맞은 단어를 글에서 찾아 쓰시오.

Tina	Ben
Teens should not have cell phones.	Teens should have cell phones.
• Cell phones can be a(n) _____.	• Teens can use a phone _____.
• Teens do not focus on their _____.	• Teens can use cell phones in _____.

10 Environment

지구상에 사막이 많아지면 어떻게 될까요?

What happens when people cut down trees? The area becomes a desert. Desert soil is dry, so the wind can easily move it. This dust makes the air unsafe to breathe.

The airline Korean Air decided to help solve this problem. (①) It started the Global Planting Project. (②) The goal is to turn deserts into forests. (③) The group does this by planting trees. (④) It selected a desert in Mongolia first. (⑤) The area is now a green forest.

The group hopes others plant trees, too. The forests will make clean air. <u>They</u> will also stop sand from getting into the air.

1 글의 제목으로 가장 알맞은 것은?

① What Trees Give Us

② Why the Air Is Unsafe

③ Traveling in the Desert

④ The World's Best Airlines

⑤ The Global Planting Project

2 글의 내용과 일치하면 T, 그렇지 않으면 F를 쓰시오.

(1) Trees cannot grow in the desert. _____

(2) Desert dust makes the air dangerous. _____

3 다음 문장이 들어갈 위치로 가장 알맞은 곳은?

> Around 125,000 trees were planted there.

①   ②   ③   ④   ⑤

서술형

4 글의 밑줄 친 <u>They</u>가 가리키는 것을 찾아 쓰시오.

_____

Word Check

다음 영영 뜻풀이에 해당하는 단어를 글에서 찾아 쓰시오.

1 _____ to choose

2 _____ a company that carries people or goods by plane

3 _____ dry, fine powder that comes from soil or sand

11 History

108 words ★★★

옛날 사람들도
가발을 썼을까요?

People wear wigs for many different reasons. Sometimes a wig is part of a costume. Other times, wigs hide baldness. Where did wigs originally come from?

The oldest wigs are from Egypt. In ancient Egypt, the desert sun was very hot. Hair only made people feel hotter. Thus, Egyptians shaved their heads. However, they thought baldness was ugly. To cover their bald heads, they wore wigs.

Ancient Egypt had upper and lower classes. Both classes shaved their heads, but the upper class could buy much better wigs. Their wigs were made of human hair or wool. Some were even made of silver. These wigs showed off their wealth.

1 글의 주제로 가장 알맞은 것은?

① the first wigs　　　　　② the types of wigs
③ how to make wigs　　　④ the standard of beauty
⑤ social classes in ancient Egypt

2 글에 따르면, 고대 이집트 사람들이 삭발을 한 이유는?

① Hair grew too quickly.
② Hair was considered ugly.
③ Hair made them feel hotter.
④ Hair showed their social class.
⑤ Hair was difficult to keep clean.

3 글의 내용과 일치하면 T, 그렇지 않으면 F를 쓰시오.

(1) 고대 이집트에서는 상류층만이 삭발을 했다.　　　　　_____

(2) 어떤 가발은 은으로 만들어지기도 했다.　　　　　_____

서술형
4 다음 빈칸에 알맞은 단어를 글에서 찾아 쓰시오.

In ancient Egypt, people wore wigs to cover their _____

_____.

Word Check

다음 영영 뜻풀이에 해당하는 단어를 글에서 찾아 쓰시오.

1 _____ not pretty

2 _____ to cut off hair very close to the skin

3 _____ the state of being rich

12 Sports

Q
이색적인 스포츠를
알고 있나요?

Polo is a sport that people play on horseback. In a match, two teams try to hit a ball with a stick into the goal. In some places, polo players do not ride horses. They ride elephants instead!

Elephant polo is common in Nepal, India, and Thailand. Each elephant carries two people. One of them, called the *mahout, steers the elephant. The other player uses a stick and tries to hit the ball.

Elephants move much slower than horses. However, the game is still exciting to watch and play. There is even a world elephant polo competition. Skilled players can go to Nepal to compete.

*mahout 머하웃, 코끼리 조련사

1 글의 주제로 가장 알맞은 것은?

① the history of polo
② the uses of elephants
③ a different kind of polo
④ animals playing sports
⑤ popular sports in Nepal

2 코끼리 폴로에 관한 글의 내용과 일치하면 T, 그렇지 않으면 F를 쓰시오.

(1) 코끼리 한 마리에 두 사람이 탄다. _____

(2) 세계 코끼리 폴로 대회가 태국에서 열린다. _____

3 According to the passage, the mahout _____.

① watches the game
② stays on the ground
③ uses a stick to hit a ball
④ directs the elephant where to go
⑤ decides which team is the winner

서술형

4 글의 내용과 일치하도록 다음 질문에 답하시오.

Q What do polo and elephant polo have in common?

A Each player uses a(n) _____ to hit a(n) _____.

Word Check

다음 영영 뜻풀이에 해당하는 단어를 글에서 찾아 쓰시오.

1 _____ a long, thin piece of wood
2 _____ to control the direction of something
3 _____ having the ability to do something well

사막화 p.38

사막은 연평균 강수량이 250mm 이하인 지역으로 지구 육지의 약 10퍼센트를 차지한다. 그런데 최근에는 사막이 늘어나는 사막화 (desertification) 현상이 환경 문제로 떠오르고 있다. 특히 아프리카 사하라 사막 주변 지대인 사헬에서의 사막화가 큰 문제가 되었다. 사막화의 원인은 극심한 가뭄 같은 자연적 요인과 산림 벌채, 개발 같은 인위적 요인이 있다. 사막화가 되면 토양이 황폐해져 식물 및 동물과 사람이 살 수 없는 환경이 된다. 또한 황사 현상과 기후 변화를 유발하므로 이를 위한 노력이 국제적인 차원에서 이루어져야 한다.

UNIT
04

Words & Phrases 중요 단어/숙어 미리 보기

13 Family

☐ do the laundry	빨래를 하다	☐ tidy up	정리하다
☐ vacuum	통 진공청소기로 청소하다	☐ shelf	명 선반
☐ floor	명 바닥	☐ cage	명 우리
☐ take out	내놓다	☐ take care of	돌보다
☐ share	통 함께 쓰다	☐ celebrate	통 기념하다, 축하하다

14 Jobs

☐ melt	통 녹다	☐ bar	명 바, 막대 모양의 것
☐ treat	명 간식, 먹거리	☐ sculpture	명 조각품
☐ recipe	명 요리법	☐ master	형 뛰어난
☐ shape	통 (어떤) 모양으로 만들다	☐ practice	명 연습
☐ piece	명 조각	☐ eventually	부 결국에는

15 Health

☐ hurt	통 해를 끼치다	☐ pore	명 모공
☐ confidence	명 자신감	☐ makeup	명 화장
☐ gently	부 부드럽게	☐ tie	통 묶다
☐ mild	형 순한	☐ reduce	통 줄이다, 낮추다
☐ product	명 제품	☐ improve	통 개선하다

16 Society

☐ choose	통 고르다	☐ increase	통 증가시키다
☐ attract	통 끌어모으다	☐ sales	명 매출, 판매량
☐ try out	(시험적으로) 써보다	☐ work	통 작동하다
☐ provide	통 제공하다	☐ warn	통 경고하다
☐ review	명 후기	☐ choice	명 선택

A 그림에 해당하는 단어를 골라 쓰시오.

vacuum	shelf	melt	bar	tie	increase

1 _____

2 _____

3 _____

4 _____

5 _____

6 _____

B 빈칸에 알맞은 단어를 골라 쓰시오.

cages	celebrated	recipe	practice	hurt	warns

1 _____ makes perfect.

2 Nick and Jane _____ their success.

3 The weather reporter _____ of heavy rain tonight.

4 My grandma has a good _____ for muffins.

5 The national park does not put animals in _____.

6 Sometimes jokes can _____ people's feelings.

13 Family

집안일을 자주
돕는 편인가요?

(①) Every Sunday, my family cleans up our home. (②) My mother does the laundry and vacuums the floor. (③) My father cleans the bathroom. (④) He also takes out the trash. (⑤)

My sister and I share a room, so we clean it together. We tidy up our desks and dust the shelves. My sister cleans the hamster cage, too. The hamster is hers, so she has to take care of it.

On Sunday night, my family celebrates our hard work. We are too tired to cook, so we go to a restaurant. This week, I get to pick the restaurant. We will have Italian food!

1 글의 주제로 가장 알맞은 것은?

① Weekend Plans
② Chores for Kids
③ My Daily Routine
④ My Family Members
⑤ Housework on Sundays

2 다음 문장이 들어갈 위치로 가장 알맞은 곳은?

> We all have different jobs to do.

①   ②   ③   ④   ⑤

3 글의 내용과 일치하면 T, 그렇지 않으면 F를 쓰시오.

(1) My mother cleans the hamster cage.   _____

(2) Nobody cooks dinner on Sundays.   _____

서술형

4 글의 밑줄 친 it이 가리키는 것을 찾아 쓰시오.

_____

Word Check

다음 영영 뜻풀이에 해당하는 단어를 글에서 찾아 쓰시오.

1 _____ to use something with other people

2 _____ clothes that you need to wash or that you have just washed

3 _____ to do something fun on a special day or to reward yourself for a good job

14 Jobs

흥미로운 직업을
알고 있나요?

Most people love chocolate. It is sweet and melts in your mouth. Who makes chocolate taste so great? Chocolatiers!

Chocolatiers spend their days making new chocolate treats. They use recipes to make different types of chocolate. Sometimes they make their own recipes, too. Then, they shape the chocolate. They make pieces or bars. Some chocolatiers go to chocolate competitions. They make beautiful sculptures out of chocolate.

Do you want to be a chocolatier? There are a few things you need to do.

(A) Then, study with a master chocolatier.

(B) It takes many years of practice.

(C) First, learn about chocolate at a *culinary school. But you can eventually become a master chocolatier.

*culinary school 요리 학교

1 글의 주제로 가장 알맞은 것은?

① 초콜릿 만드는 법
② 최고의 초콜릿 학교
③ 미래에 유망한 직업들
④ 초콜릿과 관련된 직업
⑤ 초콜릿이 사랑 받는 이유

2 글에서 쇼콜라티에(chocolatier)가 하는 일로 언급되지 <u>않은</u> 것은?

① They make chocolate.
② They shape chocolate.
③ They create their own recipes.
④ They grow cacao beans.
⑤ They go to competitions.

3 (A) ~ (C)를 글의 흐름에 알맞게 배열한 것은?

① (A) – (B) – (C)
② (B) – (A) – (C)
③ (B) – (C) – (A)
④ (C) – (A) – (B)
⑤ (C) – (B) – (A)

서술형

4 다음 빈칸에 알맞은 단어를 글에서 찾아 쓰시오.

> It takes many years of practice to become a(n) _____
>
> _____ .

Word Check

다음 영영 뜻풀이에 해당하는 단어를 글에서 찾아 쓰시오.

1 _____ a special food that tastes good
2 _____ finally; in the end
3 _____ a set of directions for cooking a particular food

15 Health

Q
여드름으로 고민해
본 적이 있나요?

Most teenagers have *acne. Acne can hurt a person's confidence, but there are some ways to treat ⓐ it.

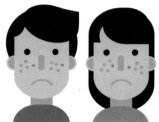

(a) First, wash your face gently with a mild soap. (b) Don't use too many creams or cleansers. (c) These products might block your pores. (d) Almost eighty percent of teens have acne. (e) If you wear makeup, use only oil-free products.

Secondly, your hair collects dirt and oils. ⓑ These can get on your face when you sleep. Before sleeping, tie your hair away from your face.

Lastly, stress is bad for your skin. Try to reduce your stress levels. Exercising or getting enough sleep can help. If you follow these tips, you can improve your skin.

*acne 여드름

1 글의 목적으로 가장 알맞은 것은?

① 광고 　　② 감사 　　③ 설득 　　④ 조언 　　⑤ 초대

2 글의 (a) ~ (e) 중, 전체 흐름과 관계 <u>없는</u> 문장은?

① (a) 　　② (b) 　　③ (c) 　　④ (d) 　　⑤ (e)

서술형

3 글의 밑줄 친 ⓐ와 ⓑ가 가리키는 것을 찾아 쓰시오.

ⓐ _____　　　　ⓑ _____

4 글의 밑줄 친 these tips에 해당하지 <u>않는</u> 것은?

① using a mild soap

② using creams or cleansers

③ using oil-free products

④ exercising

⑤ getting enough sleep

Word Check

다음 영영 뜻풀이에 해당하는 단어를 글에서 찾아 쓰시오.

1 _____ a tiny hole in the skin

2 _____ to make something better

3 _____ to have a bad effect on someone or something

16 Society

Q SNS 후기를 보고 물건을 사본 적이 있나요?

Nowadays, there are many products in stores. How can you decide what to buy? More and more, social media *influencers help people choose products.

Influencers attract **followers on social media. They use sites like Instagram, YouTube, and Twitter. They try out new products and then provide reviews. Many people read their reviews before buying a product.

A good review can increase a product's sales. _____, a bad review can hurt sales. Sometimes there is a problem with a product. It might not work well. Or it might not be safe to use. Influencers can warn people. This can help people make better choices.

*influencer 인플루언서, (SNS에서) 영향력을 행사하는 사람   **follower 팔로워, 구독자

Word Check

다음 영영 뜻풀이에 해당하는 단어를 글에서 찾아 쓰시오.

1 _____ to decide what you want

2 _____ to give someone something

3 _____ to make something larger in amount or number

1 글의 주제로 가장 알맞은 것은?

① how to sell products online

② how to become an influencer

③ how to write product reviews

④ types of social media marketing

⑤ how influencers can help people

2 글의 빈칸에 들어갈 말로 가장 알맞은 것은?

① Therefore   ② In addition

③ For example   ④ In other words

⑤ On the other hand

3 인플루언서(influencer)에 관한 글의 내용과 일치하면 T, 그렇지 않으면 F를 쓰시오.

(1) 후기를 제공함으로써 사람들에게 도움을 준다.   _____

(2) 주로 제품에 대한 좋은 후기를 남긴다.   _____

SUMMARY

4 주어진 단어를 이용해 빈칸을 완성하시오.

How can you decide what to buy? Social media _____ can help you. They try out new products and provide _____. Influencers can _____ a product's sales. But sometimes when there is a problem with a product, they _____ people. This helps people make better choices.

reviews   warn   influencers   increase

SNS와 관련된 직업 `p.54`

SNS란 소셜 네트워킹 서비스(Social Networking Service)를 줄여서 일컫는 용어로, 특정한 관심사나 활동을 공유하는 사람들의 관계망을 구축하는 온라인 서비스이다. 오늘날 SNS는 단순히 의사소통이나 취미 활동을 위한 수단으로 쓰일 뿐만 아니라 다양한 분야에서 활용되고 있으며 이러한 추세에 맞추어 관련 직업들도 생겨나고 있다.

👤 콘텐츠 크리에이터

유튜브, SNS, 블로그 등에 개인이 가진 끼나 전문 분야를 활용해 사진, 영상, 글 등 사람들이 즐길 수 있는 콘텐츠를 만들어 올리는 사람이다. 계정만 있으면 누구나 할 수 있으며 일정 수준에 도달하면 광고나 PPL을 통해 수익을 얻기도 한다.

👤 SNS 콘텐츠 큐레이터

큐레이터는 '보살피다', '관리하다'라는 뜻의 라틴어 '큐라 (cura, 영어의 care)'에서 유래한 용어로 '관리자'를 뜻한다. SNS 콘텐츠 큐레이터는 콘텐츠를 각각의 SNS 특색에 맞게 각색하여 알기 쉽고 유용하게 보여주는 사람이다.

👤 SNS 마케터

SNS를 통해 제품이나 브랜드를 홍보하고 관리하는 사람이다. 주로 기업에서 운영하는 소셜 미디어 계정을 운영하며 SNS 채널의 특성과 온라인 홍보에 대한 전반적인 지식이 필요하다.

👤 SNS 분석가

빅데이터 전문가의 세분화된 직업으로 SNS상의 데이터를 수집하고 분석하는 사람이다. 데이터를 수집하고 분석하여 의미 있는 분석 결과를 도출해야 하므로 통계학, 컴퓨터 공학 등 기술적인 지식과 경영학이나 마케팅 분야의 지식이나 경험이 필요하다.

UNIT
05

Words & Phrases 중요 단어/숙어 미리 보기

17 Sports

☐ adventure	명 모험	☐ frame	명 뼈대
☐ path	명 작은 길, 오솔길	☐ thick	형 두꺼운
☐ at one's own pace	자신만의 속도로	☐ fall off	(말 등에서) 떨어지다
☐ race	동 경주하다	☐ bone	명 뼈
☐ trail	명 산책로, 길	☐ benefit	명 이익

18 Animals

☐ pet	명 애완동물	☐ farm	명 농장
☐ get injured	부상을 당하다	☐ sheep	명 양
☐ get around	돌아다니다	☐ chicken	명 닭
☐ wheel	명 바퀴	☐ have trouble -ing	~하는데 어려움을 겪다
☐ relieve	동 완화하다, 줄이다	☐ quality	명 질

19 Teens

☐ move	동 이사하다	☐ join	동 가입하다
☐ nervous	형 불안한	☐ kindness	명 친절
☐ friendly	형 상냥한, 다정한	☐ go a long way	도움이 되다, 유용하다
☐ greet	동 인사하다, 맞이하다	☐ polite	형 예의 바른
☐ interest	명 관심, 흥미	☐ well-being	명 안녕, 행복

20 Technology

☐ copy	명 (책의) 한 부, 한 권	☐ theft	명 절도
☐ borrow	동 빌리다	☐ download	동 다운로드하다
☐ convenient	형 편리한	☐ author	명 작가, 저자
☐ hundreds of	수백의	☐ publisher	명 출판인, 출판사
☐ device	명 장치	☐ lose	동 잃다

A 그림에 해당하는 단어를 골라 쓰시오.

| path | thick | pet | wheel | quality | move |

1 _____

2 _____

3 _____

4 _____

5 _____

6 _____

B 빈칸에 알맞은 단어를 골라 쓰시오.

| adventure | farm | nervous | greet | join | download |

1 Most students get _____ before a test.

2 You should _____ your teacher warmly.

3 *Pirates of the Caribbean* is a(n) _____ movie.

4 To get fit, _____ the soccer or basketball team.

5 They grow corn and pumpkins on this _____.

6 Many cell phone apps are free to _____.

17 Sports

107 words ★★☆

어떤 야외 스포츠
를 알고 있나요?

Most people ride their bikes in parks or on streets. But some people want more adventure. They go biking in the mountains.

Mountain bikers ride on mountain paths or on dirt roads. Sometimes they enjoy riding at their own pace. Other times, they race along the trails to the finish line. Mountain bikers need special bikes. Their bikes need to be strong, so the tires and frames are usually thicker than regular bikes.

Mountain biking can be very dangerous. Riders might fall off and break bones. However, there are many health benefits, too. Mountain biking can improve heart health. Spending time in nature can also reduce stress.

1 글의 주제로 가장 알맞은 것은?

① 산악자전거 소개
② 자전거 선택 요령
③ 자전거 안전 수칙
④ 산악자전거의 장점
⑤ 산악자전거의 역사

2 산악 자전거에 관한 글의 내용과 일치하면 T, 그렇지 않으면 F를 쓰시오.

(1) 산길이나 비포장도로에서 탄다. _____

(2) 혼자서 하는 1인 스포츠이다. _____

3 글에서 산악자전거를 타는 것의 장점으로 언급된 것을 <u>모두</u> 고르시오.

① It helps you lose weight.
② It makes your bones strong.
③ It is good for your heart.
④ It can prevent cancer.
⑤ It can reduce stress.

서술형
4 글의 내용과 일치하도록 다음 질문에 답하시오.

Q How are mountain bikes different from regular bikes?

A The _____ and _____ of mountain bikes are thicker.

Word Check

다음 영영 뜻풀이에 해당하는 단어를 글에서 찾아 쓰시오.

1 _____ a way from one place to another

2 _____ an advantage that you get from something

3 _____ an exciting, unusual, and sometimes dangerous experience

18 Animals

장애가 있는 동물을 보거나 키워본 적이 있나요?

Many people think of their pets as family members. But what if the pets get old or injured? What if they cannot walk anymore?

_____, today pets can use wheelchairs to get around. The wheelchairs have two or four wheels and a special belt. Old dogs can use wheelchairs to relieve *joint pain. Some young dogs get injured and need to use wheelchairs, too.

The first animal wheelchairs were for dogs. These days, there are animal wheelchairs on farms, too. Sometimes sheep and even chickens have trouble getting around. Wheelchairs can help them walk and improve their quality of life.

*joint pain 관절 통증

1 글의 주제로 가장 알맞은 것은?

① wheelchairs for animals

② signs that your pet is sick

③ how to care for sick animals

④ the history of the wheelchair

⑤ service animals for sick people

2 글의 빈칸에 들어갈 말로 가장 알맞은 것은?

① Moreover　　　　　② As a result

③ Fortunately　　　　④ For example

⑤ In other words

3 동물 휠체어에 관한 글의 내용과 일치하면 T, 그렇지 않으면 F를 쓰시오.

(1) 두 개 또는 네 개의 바퀴가 있다.　　　　　＿＿＿＿＿＿

(2) 나이가 많은 동물들을 위한 것이다.　　　　＿＿＿＿＿＿

서술형

4 다음 빈칸에 알맞은 단어를 글에서 찾아 쓰시오.

The first animal wheelchairs were for ＿＿＿＿＿＿＿＿. But these days, other animals such as ＿＿＿＿＿＿＿ or ＿＿＿＿＿＿＿ can use wheelchairs to get around.

Word Check

다음 영영 뜻풀이에 해당하는 단어를 글에서 찾아 쓰시오.

1 ＿＿＿＿＿＿＿ an animal that a person keeps in a home

2 ＿＿＿＿＿＿＿ how good or bad something is

3 ＿＿＿＿＿＿＿ a round part under a car that turns when it moves

19 Teens

> 친구를 잘 사귀는 편인가요?

Dear Annie,

Next week, I will move to a big city. I'm very nervous about going to a new school. I don't have any friends there. Is there anything I can do to make friends?

Jenny

Dear Jenny,

Making new friends can be difficult. However, there are a few things you can do. Firstly, always be friendly. Greet your classmates with a smile each morning. Secondly, good friends have common interests, so ask your classmates about their hobbies. You could also join a club or a sports team. Lastly, kindness goes a long way. Always be polite to your classmates. This will show them that you care about their well-being.

Annie

1 글의 주제로 가장 알맞은 것은?

① packing for a move

② moving to a new city

③ getting better grades

④ making up with a friend

⑤ making friends at a new school

2 글에 드러난 Jenny의 심정으로 가장 알맞은 것은?

① angry   ② bored

③ excited   ④ worried

⑤ peaceful

3 글에서 Annie의 조언으로 언급되지 <u>않은</u> 것은?

① 친구에게 상냥하게 대하라.

② 친구와 공통 관심사를 찾아라.

③ 동호회에 가입해라.

④ 친구에게 예의를 지켜라.

⑤ 친구의 숙제를 도와주어라.

서술형

4 글의 밑줄 친 <u>them</u>이 가리키는 것을 찾아 쓰시오.

_____

Word Check

다음 영영 뜻풀이에 해당하는 단어를 글에서 찾아 쓰시오.

1 _____ kind; behaving as a friend

2 _____ worried about something

3 _____ the state of being healthy and happy

20 Technology

전자책과 종이책 중 어떤 것을 선호 하나요?

E-books are digital copies of books. You can buy e-books or borrow them from a library.

Reading e-books is very convenient. You can read them on your phone, tablet PC, or e-reader. You can carry hundreds of books on a single device. E-books don't use paper, so they save many trees. You can also change the size of the text. This is great for readers who have trouble seeing.

(a) However, *piracy is a big problem. (b) Piracy is the theft of digital books. (c) This means people download and read e-books without paying for them. (d) In fact, some people still prefer paper books. (e) Because of piracy, authors and publishers lose money.

*piracy 저작권 침해

Word Check

다음 영영 뜻풀이에 해당하는 단어를 글에서 찾아 쓰시오.

1 _____ easy to use or very useful

2 _____ someone who writes books

3 _____ the act of stealing

1 글의 제목으로 가장 알맞은 것은?

① The Uses of E-books
② Let's Make an E-book
③ Problems with E-books
④ E-books: Pros and Cons
⑤ E-books vs. Paper Books

2 전자책에 관한 글의 내용과 일치하지 <u>않는</u> 것은?

① 휴대 전화에서 읽을 수 있다.
② 하나의 장치에 수백 권을 휴대할 수 있다.
③ 많은 나무들을 살릴 수 있다.
④ 시력이 좋지 않은 사람들은 읽기 힘들다.
⑤ 저작권 침해 위험이 있다.

3 글의 (a) ~ (e) 중, 전체 흐름과 관계 <u>없는</u> 문장은?

① (a)   ② (b)   ③ (c)   ④ (d)   ⑤ (e)

4 다음 빈칸에 알맞은 단어를 글에서 찾아 쓰시오.

E-books

Advantages	Disadvantages
• You can carry many books on a single _____. • They save many _____. • You can change the _____ of the text.	• People can download and read e-books without _____ for them. • _____ and publishers lose money.

저작권과 카피레프트 p.66

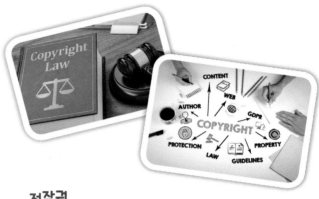

저작권

'저작권(copyright)'은 인간의 사상 또는 감정을 표현한 창작물인 저작물의 저작자에게 부여하는 권리를 말한다. 이러한 저작물에는 글, 음악, 영화, 미술, 건축, 사진, 영상, 컴퓨터프로그램 등 많은 종류가 있다. 저작권은 저작인격권과 저작재산권으로 나뉘는데, 통상 말하는 저작권은 저작재산권을 말한다. 저작재산권은 상속 및 양도가 가능하며 저작자의 생존하는 동안과 사망 후 70년까지 유지된다.

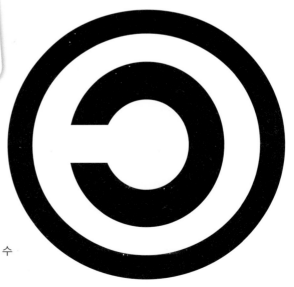

카피레프트

'카피레프트(copyleft)'는 인터넷상에 존재하는 무수히 많은 정보를 이용하는 시대에 저작물을 자유롭게 이용하는 것을 허락함으로써 저작권을 공유하자는 움직임이다. 카피레프트는 카피라이트의 반대되는 개념으로 만들어진 용어로 저작권을 기반으로 한 정보의 공유를 강조한다. 카피레프트의 입장에서는 기존의 지식에 자유로운 접근과 이용을 허락함으로써 새로운 지식의 생성이 더욱 활성화될 수 있다고 보는 것이다.

UNIT
06

Words & Phrases 중요 단어/숙어 미리 보기

21 Money

☐ set up	만들다, 개설하다	☐ reach out	연락하다, 접촉하다
☐ username	명 사용자 이름	☐ audience	명 청중; *시청자
☐ content	명 내용	☐ once	일단 ~하면
☐ theme	명 주제	☐ advertisement	명 광고
☐ stick to	~을 고수하다	☐ at least	최소한

22 Plants

☐ cactus	명 선인장 (pl. cacti)	☐ stem	명 줄기
☐ survive	통 살아남다, 생존하다	☐ store	통 저장하다
☐ root	명 뿌리	☐ through	전 ~을 통해
☐ surface	명 표면, 지면, 수면	☐ loss	명 손실
☐ rainwater	명 빗물	☐ protect	통 보호하다

23 Culture

☐ fun	형 재미있는	☐ string	명 끈, 줄
☐ container	명 용기, 통	☐ hurry to-v	서둘러 ~하다
☐ colorful	형 (색이) 다채로운	☐ collect	통 모으다
☐ inside	전 ~의 안에	☐ prize	명 상
☐ hang	통 매달다, 매달리다	☐ holiday	명 휴일, 명절

24 Food

☐ mix	통 섞다	☐ flour	명 밀가루
☐ grain	명 곡물	☐ bake	통 굽다
☐ mixture	명 혼합물	☐ fluffy	형 폭신폭신한
☐ uncooked	형 익히지 않은	☐ century	명 세기, 100년
☐ grind	통 갈다, 빻다	☐ bakery	명 빵집, 제과점

A 그림에 해당하는 단어를 골라 쓰시오.

| cactus | stem | surface | container | string | fluffy |

1 _____

2 _____

3 _____

4 _____

5 _____

6 _____

B 빈칸에 알맞은 단어를 골라 쓰시오.

| survive | colorful | collect | prize | holiday | flour |

1 Plants cannot _____ without water.

2 I love to _____ seashells at the beach.

3 They cooked a turkey on the _____.

4 He won a _____ at the speech contest.

5 The parrot has _____ feathers.

6 We need to buy _____ to make bread.

21 Money

> Q
> 유튜브에 실린 광고를 본적이 있나요?

YouTube is a popular way to _____. Do you want to try it? Here are (A) <u>a few tips</u>.

First, (B) <u>set up</u> a channel. Make sure to choose a short username. That way, people will remember it easily. Next, add content to your channel. Choose a theme and try to stick to it. This will help you keep *subscribers. Finally, reach out to your audience often. Share your videos on social media.

Once you build your channel, you can place advertisements in your videos. You need at least 1,000 *subscribers and 4,000 watch hours to start making money. The more people watch your videos, the more money you make.

*subscriber 구독자

1 글의 빈칸에 들어갈 말로 가장 알맞은 것은?

① make money
② communicate
③ become famous
④ make new friends
⑤ place advertisements

2 밑줄 친 (A) a few tips에 관한 글의 내용과 일치하면 T, 그렇지 않으면 F를 쓰시오.

(1) 유튜브 채널의 사용자 이름은 짧은 것을 고른다. _____

(2) 유튜브 채널의 주제는 다양할수록 좋다. _____

3 글에서 유튜브(YouTube)의 수익 창출을 위한 조건으로 언급된 2가지는?

① 내용   ② 조회 수
③ 구독자 수   ④ 시청 시간
⑤ 게재한 영상의 수

서술형

4 밑줄 친 (B) set up과 바꾸어 쓸 수 있는 단어를 글에서 찾아 쓰시오.

_____

Word Check

다음 영영 뜻풀이에 해당하는 단어를 글에서 찾아 쓰시오.

1 _____ the main subject or idea

2 _____ the people who watch or listen to a particular program

3 _____ a picture or video that persuades people to buy something

22 Plants

Q 사막에 사는 식물이나 동물을 알고 있나요?

Most plants do not grow in hot, dry places. However, there are many cacti in the desert. How do they survive?

The roots of a cactus are great at *absorbing water. They spread widely and sit close to the surface. Because of this, the plant can get more rainwater.

In addition, a cactus does not dry out easily. The reason is that cactus stems are very thick. When it rains, a cactus can store a lot of water in its stem.

Lastly, plants lose water through their leaves. However, a cactus has **spines that reduce water loss. Cactus spines protect the plant from hungry animals, too.

*absorb 흡수하다   **spine 가시

Word Check

다음 영영 뜻풀이에 해당하는 단어를 글에서 찾아 쓰시오.

1 _____ the top layer of water or land
2 _____ to stay alive
3 _____ to keep something for use in the future

1 글의 주제로 가장 알맞은 것은?

① 선인장의 종류

② 사막의 기후와 날씨

③ 사막에 사는 동식물들

④ 사막에 사는 식물들의 특징

⑤ 선인장이 사막에서 살 수 있는 이유

2 선인장 줄기에 관한 글의 내용과 일치하는 것은?

① They absorb water.

② They store water.

③ They are long and thin.

④ Water is lost through them.

⑤ They protect cacti from animals.

3 글의 내용과 일치하면 T, 그렇지 않으면 F를 쓰시오.

(1) 선인장의 뿌리는 땅 속 깊이 자란다. _____

(2) 선인장의 가시는 물의 손실을 줄여준다. _____

4 다음 빈칸에 알맞은 단어를 글에서 찾아 쓰시오.

Parts of a Cactus

Roots	• are great at absorbing water • spread _____ and sit close to the _____ to get more rainwater
Stems	• are very _____ • can _____ a lot of water
Spines	• reduce the _____ loss • protect the plant from hungry _____

23 Culture

Q 피냐타를 들어본 적이 있나요?

Piñatas are fun to have at parties. They are containers made of colorful paper. A piñata might be the shape of a horse. It might also be a star or an elephant. There is delicious candy inside each one.

Piñatas hang from long strings. (A) Sometimes toys fall out, too. (B) Children hit them with sticks to break them open. (C) Then, the candy falls out. The children hurry to collect the prizes.

Today, people in Mexico make piñatas. They make them on birthdays or on holidays like Christmas. People in other countries also like piñatas. Children in the U.S. hang them up at birthday parties, too.

1 글의 제목으로 가장 알맞은 것은?

① Holidays in Mexico

② The Shapes of Piñatas

③ The History of the Piñata

④ Fun Party Games for Kids

⑤ How and When Piñatas Are Used

2 (A) ~ (C)를 글의 흐름에 알맞게 배열한 것은?

① (A) – (B) – (C) ② (A) – (C) – (B)

③ (B) – (A) – (C) ④ (B) – (C) – (A)

⑤ (C) – (B) – (A)

3 피냐타(Piñata)에 관한 글의 내용과 일치하지 <u>않는</u> 것은?

① 다양한 색의 종이로 만들어진다.

② 동물이나 별 모양이 있다.

③ 막대기로 쳐서 부순다.

④ 생일이나 크리스마스 같은 명절에 만든다.

⑤ 멕시코에서만 볼 수 있다.

서술형

4 글의 밑줄 친 <u>the prizes</u>가 구체적으로 의미하는 내용을 우리말로 쓰시오.

_____

Word Check

다음 영영 뜻풀이에 해당하는 단어를 글에서 찾아 쓰시오.

1 _____ a thin rope

2 _____ to bring things together

3 _____ something used to store things

24 Food

최초의 빵은 어떤 모습이었을까요?

Bread is one of the oldest foods in the world. Around 30,000 years ago, early humans mixed grains with water. They ate this mixture uncooked. Later, they tried cooking ⓐ it over hot stones. This became the first bread.

Bread became popular around 8,000 B.C. People in the Middle East used a special grinding tool to make flour. Then, they mixed the flour with water and baked *flatbread. Later, people added **yeast. This made bread fluffy.

Over many centuries, bread spread to other countries. Bakers made their own recipes. Today, there are bakeries everywhere. ⓑ They sell many types of bread. These breads are softer and tastier than the first breads.

*flatbread (효모를 사용하지 않은) 납작한 빵 **yeast 이스트(효모)

Word Check

다음 영영 뜻풀이에 해당하는 단어를 글에서 찾아 쓰시오.

1 _____ a combination of two or more things
2 _____ light and full of air
3 _____ seeds from corn, wheat, rice, etc.

1 글의 제목으로 가장 알맞은 것은?

① Ancient Bakers

② The History of Bread

③ Different Types of Bread

④ Homemade Bread Recipes

⑤ Is Bread Good or Bad for You?

2 밑줄 친 People in the Middle East에 관한 글의 내용과 일치하면 T를, 그렇지 않으면 F를 쓰시오.

(1) 뜨거운 돌 위에 빵을 구웠다. _____

(2) 분쇄 도구로 밀가루를 만들었다. _____

3 글의 밑줄 친 ⓐ와 ⓑ가 가리키는 것을 찾아 쓰시오.

ⓐ _____   ⓑ _____

4 주어진 단어를 이용해 빈칸을 완성하시오.

Bread is very _____ food. Early humans mixed grain with water. Then, they cooked it over _____. People in the Middle East used a(n) _____ to make flour. They mixed the flour with water to make flatbread. Later, they added yeast. This made bread _____. Today, there are bakeries everywhere. They sell many types of bread.

old   hot stones   fluffy   grinding tool

사막에 사는 동물들 `p.74`

낙타

낙타는 혹에 많은 지방을 저장하는데, 지방이 분해되면 영양분과 물이 만들어져 먹이를 섭취하지 않아도 5~7일 정도 견딜 수 있다. 또한 낙타의 두꺼운 털가죽은 낮에는 뜨거운 햇빛과 열을 막아주고 밤에는 체온을 유지시켜준다.

사막여우

사막여우는 얇고 큰 귀를 통해 몸 안의 열을 밖으로 내보낸다. 또한 귀 안쪽에는 털이 많이 나있어서 모래바람을 막아준다. 사막여우는 발바닥에도 털이 나 있는데 뜨거운 모래 위를 잘 걸을 수 있다.

나마쿠아 카멜레온

카멜레온은 보통 주변 환경에 따라 몸의 색을 바꾸지만 나미비아 사막에 사는 나마쿠아 카멜레온은 기온이 높을 때는 햇빛을 반사하기 위해 몸 색깔이 밝아지고, 기온이 내려가면 햇빛을 흡수하기 위해 몸 색깔이 어두워진다.

미어캣

'사막의 파수꾼'으로도 불리는 미어캣은 더위가 심해지면 열을 피하기 위해 굴을 파고 들어간다. 또한 모래에 잘 빠지지 않도록 구부러진 발톱을 가지고 있으며 눈 주위의 검은색 반점이 눈부심을 막아준다.

UNIT
07

Words & Phrases 중요 단어/숙어 미리 보기

25 Teens

□ look forward to	~을 몹시 기다리다	□ relationship	명 관계
□ during	전 ~ 동안	□ take up	~을 시작하다
□ relax	동 휴식을 취하다	□ hobby	명 취미
□ cause	동 ~을 야기하다	□ attend	동 참석하다
□ overload	명 과부하	□ allow	동 허락하다

26 Art

□ environment	명 환경	□ be full of	~로 가득 차다
□ artist	명 화가, 예술가	□ on display	전시된
□ fill A with B	A를 B로 채우다	□ recycling	명 재활용
□ light up	환하게 밝히다	□ destroy	동 파괴하다
□ look like	~처럼 보이다	□ less	더 적은

27 Story

□ golden	형 금으로 만든	□ castle	명 성
□ well	명 우물	□ scold	동 꾸짖다, 혼내다
□ lie	동 거짓말하다	□ unwillingly	부 마지못해
□ bring	동 가져오다	□ transform	동 변하다
□ pick up	집다, 줍다	□ handsome	형 잘생긴

28 Animals

□ normally	부 보통	□ picky	형 까다로운
□ at sunrise	동틀녘에	□ comfortable	형 편안한, 쾌적한
□ hunt	동 사냥하다	□ temperature	명 온도
□ at sunset	해질녘에	□ shade	명 그늘
□ stay up	깨어 있다	□ owner	동 주인

A 그림에 해당하는 단어를 골라 쓰시오.

relax	recycling	castle	transform	temperature	shade

1 _____

2 _____

3 _____

4 _____

5 _____

6 _____

B 빈칸에 알맞은 단어를 골라 쓰시오.

during	hobby	destroy	well	scolded	owner

1 We had a great time _____ the trip.

2 My uncle is the _____ of the café.

3 Her _____ is collecting action figures.

4 My teacher _____ me for being late.

5 The villagers get their water from a(n) _____.

6 Hurricanes _____ many homes each year.

25 Teens

Q 방학처럼 긴 휴식이 필요하다고 생각하나요?

Many students look forward to summer and winter vacation. Vacations are fun. ⓐ They are also important.

Students spend a lot of time studying. (A) This helps reduce their stress. (B) During vacations, students have more free time to relax. (C) This can cause an overload of stress levels.

Vacations also give students more time with their family and friends. This makes their relationships better. Good relationships are important. ⓑ They keep people happy.

Lastly, students can explore new things. They can take up a new hobby or travel. Some students attend camps or get part-time jobs. These things allow them to learn outside the classroom.

1 글의 주제로 가장 알맞은 것은?

① 방학의 필요성

② 스트레스 해소법

③ 십대들의 취미 활동

④ 방학 계획 세우는 법

⑤ 가족, 친구 관계의 중요성

2 (A) ~ (C)를 글의 흐름에 알맞게 배열한 것은?

① (A) – (B) – (C)

② (A) – (C) – (B)

③ (B) – (C) – (A)

④ (C) – (A) – (B)

⑤ (C) – (B) – (A)

서술형

3 글의 밑줄 친 ⓐ와 ⓑ가 가리키는 것을 찾아 쓰시오.

ⓐ _____   ⓑ _____

4 글에서 밑줄 친 new things의 예로 언급되지 <u>않은</u> 것은?

① 새 취미 갖기

② 여행하기

③ 캠프 참가하기

④ 아르바이트 하기

⑤ 야외 활동 즐기기

Word Check

다음 영영 뜻풀이에 해당하는 단어를 글에서 찾아 쓰시오.

1 _____ to start doing something

2 _____ the state of having too much of something

3 _____ to go to an event, place, etc.

26 Art

Q 예술 작품은 반드시 아름다움을 위해 존재할까요?

Can art help protect the environment? In France, a group of artists wanted to do just that. For three months, they collected over 6,000 plastic bags. These bags came from many different stores.

The artists chose an old building. Then, they filled the windows with the bags. At night, the inside was lit up. It looked like the building was full of plastic. (A) The building was on display for four days.

Why did the artists do this? They wanted to _____. "Recycling isn't enough," they said. Plastic waste is destroying the planet. They want people to use less plastic. (B) This will help save the Earth.

STOP PLASTIC POLLUTION

1 글의 주제로 가장 알맞은 것은?

① 환경 보호 단체들

② 도시의 노후 건축물

③ 프랑스의 미술 작품들

④ 쓰레기를 줄이는 방법

⑤ 환경 보호를 위한 예술 작품

2 밑줄 친 (A) The building에 관한 글의 내용과 일치하면 T, 그렇지 않으면 F를 쓰시오.

(1) 6천 개가 넘는 비닐봉지가 사용되었다. _____

(2) 밤에는 전시되지 않는다. _____

3 글의 빈칸에 들어갈 말로 가장 알맞은 것은?

① be famous

② sell their artwork

③ encourage people to recycle

④ make the building look new

⑤ draw attention to plastic pollution

서술형
4 글의 밑줄 친 (B) This가 의미하는 내용을 우리말로 쓰시오.

_____

Word Check

다음 영영 뜻풀이에 해당하는 단어를 글에서 찾아 쓰시오.

1 _____ the natural world made up of land, sea, air, plants, and animals

2 _____ to damage something badly

3 _____ put somewhere for people to see

27 Story

108 words ★☆☆

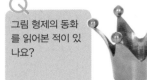

그림 형제의 동화를 읽어본 적이 있나요?

Once upon a time, there was a beautiful princess. One day, she was playing with a golden ball. But the ball fell into a well.

When the princess began to cry, a frog jumped out of the water.

He said, "If I get it for you, will you give me a kiss?"

"Of course," she lied.

A while later, he brought her the ball, but the princess picked it up and ran away.

The next day, the frog visited the castle and told the king about the princess's promise. The king scolded his daughter. She unwillingly kissed the frog's head. Surprisingly, the frog transformed into a handsome prince.

1 글에 따르면, 공주가 개구리에게 약속한 것은?

① to marry him

② to give him a kiss

③ to become his friend

④ to give him a golden ball

⑤ to invite him to the castle

2 글에 따르면, 왕이 공주를 혼낸 이유는?

① 왕에게 거짓말을 했기 때문에

② 공을 우물에 빠뜨렸기 때문에

③ 성에 너무 늦게 돌아왔기 때문에

④ 개구리를 성으로 데려왔기 때문에

⑤ 개구리와 한 약속을 지키지 않았기 때문에

3 글의 내용과 일치하면 T, 그렇지 않으면 F를 쓰시오.

(1) The princess liked the frog. _____

(2) The princess kept her promise in the end. _____

서술형

4 다음 빈칸에 알맞은 단어를 글에서 찾아 쓰시오.

> The frog was actually a(n) _____ _____.

Word Check

다음 영영 뜻풀이에 해당하는 단어를 글에서 찾아 쓰시오.

1 _____ a hole in the ground where people get water

2 _____ to completely change

3 _____ against your wishes

28 Animals

Q 고양이의 어떤 습성을 알고 있나요?

Cats are great sleepers. They can sleep for up to sixteen hours a day. Like humans, cats have different stages of sleep. Sometimes they even have dreams.

(①) Cats normally wake at sunrise. (②) This is when they hunt for food. (③) Then, they go back to sleep during the day. (④) Some people think cats stay up all night, but most cats sleep a lot at night, too. (⑤)

Cats are picky about where they sleep. They search for the most comfortable temperatures. In summer, they sleep in the cool shade, but in winter, they find a sunny spot. However, some pet cats prefer to sleep with their owners.

Word Check

다음 영영 뜻풀이에 해당하는 단어를 글에서 찾아 쓰시오.

1 _____ not to go to bed; to remain awake

2 _____ usually

3 _____ liking only particular things and difficult to please

1 글의 제목으로 가장 알맞은 것은?

① My Favorite Pet

② Cats as Hunters

③ Cat Sleep Habits

④ Cats: The Best Pets

⑤ A Guide to Caring for Cats

2 다음 문장이 들어갈 위치로 가장 알맞은 곳은?

> At sunset, they wake again to hunt.

①   ②   ③   ④   ⑤

3 고양이에 관한 글의 내용과 일치하지 <u>않는</u> 것은?

① 하루 16시간까지 잘 수 있다.

② 가끔씩 꿈을 꾸기도 한다.

③ 밤에는 잠을 자지 않는다.

④ 편안한 온도를 찾아 잠자리를 바꾼다.

⑤ 주인과 함께 자기도 한다.

SUMMARY

4 주어진 단어를 이용해 빈칸을 완성하시오.

> Cats sleep a lot. They can sleep for up to sixteen hours a day. Sometimes they have _____. Most cats wake at sunrise and sunset. They sleep during most of the day and at night. Cats are _____ about where they sleep. They look for the most comfortable _____. But some pet cats like to sleep with their _____.

picky   owners   dreams   temperatures

미세 플라스틱 `p.86`

미세 플라스틱은 5mm 미만의 작은 플라스틱으로 처음부터 미세 플라스틱으로 제조되었거나 기존 플라스틱 제품이 부서지면서 생성된다. 미세 플라스틱은 일상생활에서 쉽게 접할 수 있는 치약, 세안제, 스크럽 등 다양한 제품에 포함되어 있다. 미세 플라스틱은 크기가 매우 작아 하수 처리 시설에서 걸러지지 않고 강과 바다에 그대로 유입된다. 또한 미세플라스틱은 환경을 파괴하면서 인간의 건강을 위협한다는 점에서도 문제가 된다. 미세 플라스틱으로 인해 식수가 오염되고 미세 플라스틱을 먹은 강, 바다의 생물들을 결국 인간이 섭취하기 때문이다.

UNIT

08

Words & Phrases 중요 단어/숙어 미리 보기

29 Nature

☐ earthquake	명 지진	☐ stay away	떨어져 있다
☐ shake	동 흔들리다	☐ drop	동 떨어뜨리다; *(몸을) 낮추다
☐ violently	부 격렬하게	☐ harm	동 해를 끼치다
☐ hide	동 숨다	☐ calm	형 침착한
☐ furniture	명 가구	☐ encourage	동 격려하다, *권장하다

30 Culture

☐ tradition	명 전통	☐ represent	동 나타내다, 대신하다
☐ luck	명 운, 행운	☐ lantern	명 랜턴, 등
☐ exactly	부 정확히	☐ banner	명 플래카드, 현수막
☐ grape	명 포도	☐ onion	명 양파
☐ at midnight	자정에	☐ tap	동 톡톡 치다

31 Animals

☐ wild	형 야생의	☐ decrease	동 감소하다
☐ fur	명 털, 모피	☐ rapidly	부 급속히
☐ unique	형 독특한	☐ expressive	형 표정이 풍부한
☐ flat	형 납작한	☐ joyful	형 기뻐하는
☐ population	명 인구; *개체 수	☐ scared	형 겁먹은

32 Teens

☐ advantage	명 장점, 이점	☐ instrument	명 악기
☐ talent	명 재능	☐ develop	동 개발하다
☐ be good at	~을 잘하다, ~에 능숙하다	☐ proud	형 자랑스러워하는
☐ search for	~을 찾다	☐ work out	운동하다
☐ draw	동 그리다	☐ mind	명 마음, 정신

A 그림에 해당하는 단어를 골라 쓰시오.

| earthquake | calm | hide | fur | draw | instrument |

1 _____

2 _____

3 _____

4 _____

5 _____

6 _____

B 빈칸에 알맞은 단어를 골라 쓰시오.

| encourage | tradition | exactly | decrease | expressive | talent |

1 Mary has a(n) _____ for music.

2 Good teachers _____ their students.

3 Exchanging gifts is a Christmas _____.

4 It is _____ 2:45 in the afternoon now.

5 This medicine will _____ your pain.

6 Actors must have very _____ faces.

29 Nature

Q 지진이 발생하면 어떻게 대처해야 할까요?

Earthquakes are dangerous events. During an earthquake, the ground shakes violently. Here are (A) some ways to stay safe when this happens.

First, stay inside. You might fall if you move around, so stay in one room. Second, hide under a desk or a table. Don't go near large furniture because it could fall on you. Third, stay away from windows. If ⓐ they break, the glass could hurt you.

If you are outside, drop to the ground. Don't go near buildings or trees. These could fall on you and (B) harm you. Most importantly, stay calm at all times. Remember these safety rules and encourage others to follow ⓑ them.

1 글의 주제로 가장 알맞은 것은?

① 지진의 원인

② 세계의 대지진

③ 지진 발생 지역

④ 자연재해의 종류

⑤ 지진 발생시 행동 요령

2 밑줄 친 (A) some ways에 관한 글의 내용과 일치하지 않는 것은?

① 집 밖으로 즉시 대피한다.

② 책상이나 탁자 밑에 몸을 숨긴다.

③ 땅 위에 엎드린다.

④ 건물이나 나무 근처에는 가지 않는다.

⑤ 침착함을 유지한다.

서술형

3 글의 밑줄 친 ⓐ와 ⓑ가 가리키는 것을 찾아 쓰시오.

ⓐ _____   ⓑ _____

서술형

4 글의 밑줄 친 (B) harm과 바꾸어 쓸 수 있는 단어를 글에서 찾아 쓰시오.

_____

Word Check

다음 영영 뜻풀이에 해당하는 단어를 글에서 찾아 쓰시오.

1 _____ to let yourself or something fall

2 _____ not showing any anger, worry, or excitement

3 _____ to move quickly up and down or side to side

106 words ★★☆

Q 새해 전날 주로 무엇을 하며 보내나요?

Do you celebrate New Year's Eve? Many countries have their own special traditions. Sometimes these traditions focus on luck.

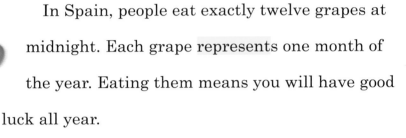

In Spain, people eat exactly twelve grapes at midnight. Each grape represents one month of the year. Eating them means you will have good luck all year.

Chinese people believe red brings good luck. On New Year's Eve, people paint their doors red. They also hang red lanterns and banners outside.

People in Greece believe onions are lucky. They hang onions on their doors on New Year's Eve. The next day, they tap their children

with the onions. They hope this will give the children good luck.

Word Check

다음 영영 뜻풀이에 해당하는 단어를 글에서 찾아 쓰시오.

1 _____ a very old belief or custom
2 _____ to hit something lightly
3 _____ to be a symbol of something

1 글의 제목으로 가장 알맞은 것은?

① New Year's Eve Foods
② Lucky Colors in China
③ Popular Good Luck Symbols
④ Places to Spend New Year's Eve
⑤ Lucky New Year's Eve Traditions

2 글의 내용과 일치하면 T, 그렇지 않으면 F를 쓰시오.

(1) 스페인에서는 새해 전날 나이만큼 포도를 먹는다. _____

(2) 그리스에서는 새해 전날 양파를 문에 걸어둔다. _____

3 글에서 새해 전날 중국 사람들이 하는 일로 언급된 것을 <u>모두</u> 고르시오.

① They give grapes as gifts.
② They paint their doors red.
③ They eat grapes at midnight.
④ They tap their children with onions.
⑤ They hang red lanterns and banners outside

SUMMARY

4 주어진 단어를 이용해 빈칸을 완성하시오.

> Many countries have New Year's Eve traditions. Some people believe
> the traditions bring _____. In Spain, people eat twelve
> _____ at midnight. In China, some people paint their doors
> _____. Others hang red lanterns or banners outside. In Greece,
> people believe _____ are lucky. On New Year's Eve, they hang
> them on their doors.

| onions | red | grapes | good luck |

31 Animals

Q 어떤 독특한 동물
들을 알고 있나요?

The manul is a wild cat in Central Asia. It is about the size of a housecat, but it looks bigger because of its thick fur. Manuls are known for their unique looks. They have flat, round faces. Their ears are short and *wide set.

Manuls mostly live in Tibet, Mongolia, and western China. But their population is decreasing rapidly. People are destroying their homes. _____, people often kill them for their fur.

Manuls have expressive faces. They might look joyful or curious. They might even look scared or sleepy. It is funny to see a cat with human expressions. This has made them popular online.

*wide set 사이가 넓은

1 마눌들고양이(Manuls)에 관한 글의 내용과 일치하지 <u>않는</u> 것은?

① 중앙아시아에서 산다.

② 크기는 집고양이만 하다.

③ 숱이 많은 털 때문에 더 커 보인다.

④ 귀는 짧고 사이가 넓다.

⑤ 애완용으로 인기가 많다.

2 글의 빈칸에 들어갈 말로 가장 알맞은 것은?

① Finally   ② However

③ Therefore   ④ In addition

⑤ In other words

3 글에서 마눌들고양이의 개체 수가 줄고 있는 이유로 언급된 것을 <u>모두</u> 고르시오.

① 산불   ② 질병

③ 서식지 파괴   ④ 사냥

⑤ 수질 오염

서술형

4 다음 빈칸에 알맞은 단어를 글에서 찾아 쓰시오.

Manuls are popular online because of their _____ faces.

Word Check

다음 영영 뜻풀이에 해당하는 단어를 글에서 찾아 쓰시오.

1 _____ very happy

2 _____ the hair that covers the bodies of animals

3 _____ all the people or animals that live in a particular area

32 Teens

Q

어떤 취미를 가지
고 있나요?

Do you have any hobbies? You might be too busy for hobbies. However, there are many advantages to having hobbies.

(①) First, you can discover your talents. (②) It is hard to know what you are good at if you don't try new things. (③) When searching for a new hobby, you might try drawing or playing an instrument. (④) You can develop your talents and feel proud of yourself. (⑤)

Secondly, hobbies can help you stay healthy. Playing sports or working out can make your body strong. Some hobbies are good for your mind. Listening to music and reading books can keep you calm and happy.

1 글의 주제로 가장 알맞은 것은?

① 새로운 취미 찾는 법

② 가장 인기 있는 취미들

③ 취미를 갖는 것의 장점들

④ 창의력을 높여주는 취미들

⑤ 자신의 재능을 발견하는 방법

2 다음 문장이 들어갈 위치로 가장 알맞은 곳은?

You could also try acting or dancing.

①   ②   ③   ④   ⑤

서술형

3 다음 빈칸에 알맞은 단어를 글에서 찾아 쓰시오.

Hobbies can help you discover your _____. They are also good for your body and _____.

Word Check

다음 영영 뜻풀이에 해당하는 단어를 글에서 찾아 쓰시오.

1 _____ to make something better

2 _____ to produce a picture with a pen or pencil

3 _____ natural ability to do something well

나라별 새해 풍습 p.98

미국

미국의 새해 맞이 축제는 뉴욕 타임스퀘어에서 펼쳐지는 New Years' Eve Ball Drop 행사가 있다. 1907년에 시작된 축제로 매년 12월 31일 뉴욕 타임스퀘어에서 대형 공을 매달아 내림으로써 새해의 시작을 알리고 공연들이 이어진다.

일본

일본은 새해가 되면 근처 신사에 가서 새해 소망을 빌고 한 해의 길흉을 점치기 위해 오미쿠지라는 제비를 뽑는다. 흉으로 나온 오미쿠지는 신사의 나뭇가지에 묶어두어 액운을 피한다.

프랑스

프랑스는 1월 6일에 '주현절'이라는 신년 행사를 치르는데 '갈레트'라는 둥근 파이를 나누어 먹는다. 파이 속에는 작은 도자기 인형을 숨겨놓고 이 인형이 나오는 사람은 그날 왕의 대접을 받는다.

필리핀

필리핀은 31일 밤부터 가족이 같이 있는데, 그렇지 않으면 1년 동안 떨어져 보낸다는 미신이 있기 때문이다. 또한 돈을 상징하는 둥근 모양의 과일 12개를 장식장에 올려놓고 일년 내내 재물이 많이 들어오기를 기원한다.

내신공략! 독해공략!

내공
중학영어독해

예비중
1

정답 및 해설

내신공략! 독해공략!

내공
중학영어독해

예비중
1

___

정답 및 해설

___

DARAKWON

UNIT 01

Words & Phrases

p.011

정답	
A	**1** taste **2** ripe **3** careful **4** kitchen counter **5** showcase **6** climate change
B	**1** explore **2** takes place **3** build **4** ignore **5** tasty **6** process

문제 해석

A **1** 맛보다   **2** 익은   **3** 조심하는   **4** 주방 조리대   **5** 전시하다, 진열하다   **6** 기후 변화

B **1** 새로운 장소들을 탐험하는 것은 재미있다.
   2 토마토 축제는 스페인에서 개최된다.
   3 그 쇼핑몰을 짓는 데는 3년이 걸렸다.
   4 우리는 다른 사람들의 의견을 무시하면 안 된다.
   5 치즈 케이크, 아이스크림, 쿠키는 모두 맛있는 음식들이다.
   6 이 영상은 영화를 만드는 과정을 보여준다.

01 People

p.012

정답	
	1 ⑤ **2** (1) F (2) T **3** climate change **4** ①
	Word Check **1** alone **2** activist **3** protest

지문 해석

지구는 점점 더 따뜻해지고 있다. 많은 사람들이 이 문제를 무시한다. 하지만 한 특별한 운동가는 최선을 다하고 있다. 그녀는 누구일까?

Greta Thunberg는 2003년에 태어났다. 그녀는 스웨덴에서 자랐다. 8세에, 그녀는 학교에서 기후 변화에 대해 배웠다. 그녀는 왜 사람들이 그것에 대해 신경 쓰지 않는지 궁금했다. 그녀는 희망을 잃기 시작했다.

2018년에, Greta는 행동하기로 결심했다. 그녀는 금요일마다 학교에 가지 않았다. 대신에, 그녀는 기후 변화에 항의하는 시위를 했다. 그녀는 '기후를 위한 등교 거부(School Strike for Climate)'라고 적힌 팻말을 들었다. 처음에 그녀는 혼자 서 있었다. 그러나 그녀는 곧 매우 유명해졌다. 오늘날, 전 세계 수백만 명의 사람들이 기후 변화와 싸우기 위해 그녀와 함께한다.

문제 해설

1 스웨덴의 환경 운동 소녀 Greta Thunberg에 관한 글이므로 ⑤ '10대 환경 운동가'가 가장 알맞다.

2 (1) 금요일에만 등교 거부를 했으므로 사실이 아니다. (3단락 1행)
   (2) 처음에는 기후 변화에 항의하는 시위를 혼자 했다고 했다. (3단락 3~4행)

3 사람들이 왜 기후 변화에 신경 쓰지 않는지에 대해 궁금한 것이므로, 앞 문장의 climate change를 가리킨다.

4 빈칸 뒤에 Greta가 학교에 가지 않은 대신 한 행동이 이어지므로 ① '대신에'가 가장 알맞다.
   ② 마찬가지로   ③ 그러므로   ④ 게다가   ⑤ 예를 들어

구문 해설

01행   The Earth is **getting warmer and warmer**.
   • 〈get+비교급+and+비교급〉은 '점점 더 ~해지다'의 의미이다.

07행   She wondered **why people did not care about it**.
   • why ~ it은 '왜 사람들이 그것에 대해 신경 쓰지 않는지'의 의미이다. 의문문이 문장의 일부로 쓰인 간접의문문으로

〈의문사+주어+동사〉의 어순을 쓴다.

10행 She held **a sign** [**that** *read*, "School Strike for Climate.]"
- [ ]는 a sign을 수식하는 주격 관계대명사절이며, a sign that read는 '~라고 적힌 팻말'의 의미이다.
- read는 '~라고 적혀[쓰여] 있다'의 의미이며 여기서는 과거형[red]으로 쓰였다. (read-read-read)

11행 Today, **millions of** people around the world *join her to fight* climate change.
- millions of: 수백만
- join sb to-v: ~하기 위해 …와 함께하다

02 Food

p.014

정답				
1 ②	**2** ④	**3** (1) F (2) T	**4** apple, banana	
Word Check	**1** darken	**2** ripe	**3** process	

지문 해석 잘 익은 아보카도를 먹어본 적이 있는가? 아보카도는 맛있고 부드럽다. 하지만 그것이 판매될 때는 보통 단단하다. 그것을 집에서 어떻게 익힐 수 있을까?

아보카도를 냉장고에 넣으면 안 된다. 대신에, 그것을 주방 조리대 위에 보관해라. 주방은 따뜻해야 하지만 너무 더워서는 안 된다. 그것이 익는 데는 3일에서 7일이 걸린다. 그것은 부드러워지면서 거무스름해진다. (아보카도는 많은 멕시코 요리에서 사용된다.) 그런 다음 잘 익은 아보카도를 냉장고에 넣어라.

그 과정을 더 빠르게 할 수도 있다. 아보카도를 종이 봉지 안에 넣어라. 사과나 바나나를 함께 넣어라. 아보카도는 며칠 후에 익을 것이다.

문제 해설

1 후숙 과일인 아보카도를 집에서 익히는 방법에 관한 글이므로 ② '아보카도를 익히는 방법'이 가장 알맞다.
① 아보카도를 재배하는 방법
③ 인기 있는 멕시코 과일
④ 아보카도로 만든 음식
⑤ 아보카도의 건강상의 이점

2 아보카도를 익히는 방법에 관한 내용이므로 (d) '아보카도는 많은 멕시코 요리에서 사용된다'는 내용은 글의 흐름에 맞지 않는다.

3 (1) 아보카도는 단단한 상태에서 판매된다. (1단락 2행)
(2) 아보카도는 익을수록 부드러워지면서 거무스름해진다. (2단락 4행)

4 아보카도의 후숙 과정을 더 빠르게 하려면 종이 봉지 안에 사과나 바나나를 함께 넣어 두라고 했다. (3단락 2행)
Q: 아보카도를 어떻게 더 빨리 익힐 수 있는가?
A: 아보카도를 사과나 바나나와 함께 종이 봉지 안에 넣어라.

구문 해설

01행 **Have you ever tried** a ripe avocado?
- 〈Have you ever+p.p. ~?〉는 현재완료(have+p.p.)의 경험 용법으로 '~해본 적이 있는가?'의 의미이다. 경험 용법에는 주로 ever, never, before 등의 부사가 함께 쓰인다.

04행 You **should not** put avocados in the refrigerator.
- 〈should+동사원형〉은 '~해야 한다'의 의미로 조언, 권고를 나타낸다. 부정형은 〈should not+동사원형〉으로 '~해서는 안 된다'의 의미이다.

06행   **It takes 3 to 7 days for them to ripen.**

· 〈it takes+시간+for A+to-v〉는 'A가 ~하는 데 …의 시간이 걸리다'의 의미이다. 여기서 it은 가주어, for them은 to ripen의 의미상 주어, to ripen은 진주어이다.

11행   The avocados **will** be ripe **in** a few days.

· in이 미래 시제와 함께 쓰이면 시간의 경과를 나타내어 '~후에'의 의미로 쓰인다.

03 Culture

p.016

정답	**1** ④ **2** ④ **3** ① **4** April, Trujillo, make, Cook
	Word Check **1** discover **2** host **3** showcase

지문 해석   치즈를 좋아하는가? 매년 스페인은 '전국 치즈 축제'를 개최한다. 그것은 4월 말에 트루히요(Trujillo)라는 도시에서 열린다.

전국 치즈 축제는 많은 치즈를 전시한다. 3백 종류가 넘는다! 그 치즈 중 어떤 것들은 스페인에서 만들어진다. 또 다른 것들은 다른 나라에서 온다. 당신은 그곳에서 가장 좋아하는 치즈에 관해 배울 수 있다. 새로운 치즈를 발견할 수도 있다.

치즈 축제에서는 많은 다른 할 것들이 있다. 치즈를 만드는 방법이 궁금한가? 그것 또한 배울 수 있다. 치즈를 맛볼 수도 있다. 음식점들은 특별한 치즈 요리들을 제공한다. 요리 강습을 들어보고 가장 좋아하는 치즈로 요리를 해라.

문제 해설   **1** 매년 스페인에서 열리는 전국 치즈 축제에 관해 소개하는 글이므로 ④ '치즈 애호가들을 위한 축제'가 가장 알맞다.

① 스페인에서 방문할 곳들

② 최고의 치즈 요리

③ 치즈의 여러 종류

⑤ 세계의 음식 축제

2 스페인에서 만들어진 치즈뿐만 아니라 다른 나라의 치즈도 소개된다고 했으므로 ④는 일치하지 않는다. (2단락 2~3행)

3 주어진 문장은 치즈 축제에서 할 것들이 많다는 내용이므로, 구체적인 할 일들이 소개되는 내용 앞인 ①의 위치에 오는 것이 자연스럽다.

4   전국 치즈 축제

언제	4월 말
어디서	스페인 트루히요
할 것들	· 치즈 만드는 법 배우기 · 치즈 맛보기 · 당신이 좋아하는 치즈로 요리하기

구문 해설   **03행**   It **takes place** at the end of April in the city *of* Trujillo.

· take place는 '개최되다, 열리다'의 의미이다.

· of는 동격을 나타내는 전치사로 '~라는'의 의미이다. the city of Trujillo는 '트루히요라는 도시[트루히요 시]'를 의미한다.

06행   **Some** of the cheeses are made in Spain. **Others** are from other countries.

• 〈some ~, others …〉는 여럿 중 '어떤 것[사람]들은 ~, 또 다른 것[사람]들은 …'의 의미이다.

09행 Are you curious about **how to make** cheese?
• 〈how+to-v〉는 '~하는 방법'의 의미이다.

11행 **Try taking** a cooking class and cook with your favorite cheeses!
• 〈try+-ing〉는 '(시험 삼아) ~해 보다'의 의미이다. 〈try+to-v〉는 '~하려고 노력하다'의 의미이다.

04 Places

정답				
1 ②	**2** ④	**3** ④	**4** ancient, mountain, temples, short	
Word Check **1** ancient	**2** disturb	**3** explore		

지문 해석

Sam에게,

이번 여름에 나는 가족과 함께 마추픽추(Machu Picchu)를 여행했어. 그곳은 페루에 있는 고대 잉카 도시야. 그곳은 1450년경에 잉카 왕에 의해 세워졌어. 그 도시는 별로 크지는 않아. 그곳에는 천 명 정도만 살았어. 하지만 그곳은 산 정상에 있어! 마추픽추에는 볼 것들이 너무나 많아. 나는 가족과 그 도시를 탐험했어. 우리는 많은 사원들을 보았어. 우리 여행 가이드는 "도시 성벽들은 이제 매우 낮아요. 이는 침식 때문이에요. 방문객들은 주의해야 해요. 우리는 돌들을 건드리면 안 돼요."라고 말했어.

나는 매우 오래된 장소를 방문하면서 즐거운 시간을 보냈어!

네 친구 Tom이

문제 해설

1 Tom이 이번 여름 가족과 함께 한 마추픽추 여행에 관해 Sam에게 쓴 편지글이므로, ② '여름 방학 여행'이 가장 알맞다.
① 페루의 잉카 사원들
③ 여름 방학 계획 세우기
④ 마추픽추의 역사
⑤ 세계의 고대 도시들

2 마추픽추를 누가 발견했는지는 글에서 언급되어 있지 않다.
① 그 도시는 어디에 있는가? (1단락 3행)
② 그 도시에 언제 세워졌는가? (1단락 3~4행)
③ 그 도시에는 몇 명이 살았는가? (1단락 4행)
④ 누가 그 도시를 발견했는가? (언급되지 않음)
⑤ 방문객들은 무엇을 해서는 안 되는가? (2단락 4~5행)

3 여행 가이드의 말에서 성벽이 낮아진 이유가 ④ '침식(erosion)' 때문이라는 설명이 나온다. (2단락 3~4행)
[문제] 글에 따르면, 성벽들은 _____ 때문에 매우 낮다.
① 태양 ② 동물 ③ 사람 ⑤ 돌

4 마추픽추는 페루에 있는 고대 잉카 도시이다. 그것은 1450년경에 세워졌다. 그 도시는 크지는 않지만, 그것은 산 정상에 있다. 나는 그 도시를 탐험했고 많은 사원들을 보았다. 성벽들은 침식 때문에 이제 매우 낮다. 방문객들은 그 돌들을 건드려서는 안 된다.

낮은	고대의	사원들	산

UNIT 01 | 005

03행 It **was built by** an Inca king around 1450.

· was built by는 '~에 의해 세워졌다'의 의미로 과거 수동태(was/were+p.p.)이다. 수동태에서 행위자는 by 뒤에 표시한다. (= An Inca king built it around 1450.)

06행 There are so many things **to see** at Machu Picchu.

· to see는 앞의 명사구 so many things를 수식하는 형용사적 용법의 to부정사이다. 형용사적 용법의 to부정사는 '~할, ~하는'으로 해석한다.

08행 This is **due to** erosion.

· 〈due to+명사(구)〉는 '~ 때문에'의 의미이다.

11행 **I had a great time visiting** *such an old place*!

· have a great time+-ing: ~하는 데 즐거운 시간을 보내다

· such a(n)+형용사+명사: 매우[그렇게] ~한 …

UNIT 02

Words & Phrases

p.023

정답							
	A	**1** cold	**2** vote	**3** landmark	**4** carve	**5** germ	**6** tool
	B	**1** tissue	**2** spread	**3** massive	**4** depressed	**5** performed	**6** air

문제 해석   A **1** 감기   **2** 투표하다   **3** 랜드마크, 명소   **4** 조각하다   **5** 세균   **6** 도구, 공구

　　　　　B **1** 나는 코를 풀기 위해 휴지가 필요하다.

　　　　　　2 어떤 씨앗들은 바람에 의해 퍼진다.

　　　　　　3 어떤 공룡들은 거대한 동물이었다.

　　　　　　4 그 소녀는 자신의 개가 죽은 후에 우울했다.

　　　　　　5 그들은 무대에서 춤을 공연했다.

　　　　　　6 그 코미디 쇼는 다음 주에 텔레비전에 방송될 것이다.

05 Health

p.024

정답				
	1 ⑤	**2** (1) T　(2) F	**3** tissue, sleeve	
	Word Check	**1** germ	**2** sleeve	**3** shield

지문 해석　감기와 독감 시즌은 추운 기간에 발생한다. 당신은 아플 때 다른 사람들을 감염시킬지도 모른다. 세균의 전파를 어떻게 막을 수 있을까?

　　　　재채기를 할 때는 얼굴을 가려야 한다. 대부분의 사람들은 손을 방패로 사용하지만 이것은 사실 좋지 않은 생각이다. 당신이 손에 재채기를 할 때 세균이 피부에 묻는다. 그런 다음 당신은 물건을 만짐으로써 이 세균을 퍼뜨린다.

　　　　대신에 휴지에 재채기를 해야 한다. 휴지가 없다면 팔을 사용할 수도 있다. 팔을 얼굴 주위로 굽혀라. 그런 다음 옷소매에 재채기나 기침을 해라. 이것은 세균이 퍼지는 것을 막아줄 것이다.

문제 해설　**1** 감기나 독감에 걸렸을 때 다른 사람들을 감염시키지 않고 재채기하는 방법에 관한 글이므로 ⑤가 가장 알맞다.

　　　　2 (1) 손에 재채기를 하면 세균이 피부에 묻고 그 손으로 물건을 만짐으로써 세균을 퍼뜨린다고 했다. (2단락 3~4행)

　　　　　　(2) 손이 아닌 휴지나 옷소매에 재채기나 기침을 해야 한다. (3단락)

　　　　3 세균의 전파를 막기 위해 당신은 휴지나 옷소매에 재채기를 해야 한다.

구문 해설　01행　When you are sick, you **might** infect others.

　　　　　　• might는 불확실한 추측을 나타내는 조동사로 '~일지도 모른다'라고 해석한다.

　　　　04행　Most people use their hands **as** a shield, but this is actually a bad idea.

　　　　　　• as는 자격, 기능을 나타내어 '~로'의 뜻으로 쓰였다.

　　　　06행　You spread these germs **by touching** things.

　　　　　　• 〈by+-ing〉는 '~함으로써'의 의미이다.

　　　　11행　This will **prevent the germs from spreading**.

　　　　　　• 〈prevent+목적어+from+-ing〉는 '~가 …하는 것을 막다'의 의미이다.

06 Teens

정답
1 ③　　**2** ⑤　　**3** ④　　**4** kinder

Word Check 　**1** depressed　　**2** apologize　　**3** argue

지문 해석　최근에 나는 가장 친한 친구와 싸웠다. 그것은 미술 수업 시간에 일어났다. 우리는 풍경화를 그리고 있었다. 내 친구인 Jessica는 내 그림을 보고 비웃었다. 나는 매우 화가 나서 우리는 다투었다.

싸우고 난 뒤 나는 몹시 우울했다. Jessica도 기분이 좋지 않았다. 우리는 일주일 넘게 서로 말을 하지 않았다. 결국 나는 선생님께 조언을 구했다. 그녀는 내게 "우정이 항상 쉬운 건 아니야. 의사소통이 매우 중요하지. 그러니 네 기분이 어떤지에 관해 Jessica에게 말해보는 게 어떻겠니?"라고 말했다.

그 다음날 나는 그녀가 내 그림을 보고 비웃었을 때 기분이 어땠는지 그녀에게 말했다. Jessica는 사과했다. 그녀는 앞으로 더 친절해지겠다고 약속했다.

문제 해설　**1** 친구와 다툰 뒤 선생님의 조언을 듣고 화해했다는 내용의 일화이므로 ③ '싸운 뒤 화해하기'가 가장 알맞다.

① 내가 가장 좋아하는 수업
② 그림을 더 잘 그리는 법
④ 선생님께 조언 구하기
⑤ 우정의 중요성

2 글쓴이가 미술 수업 시간에 그린 풍경화를 보고 친구인 Jessica가 비웃었기 때문에 싸운 것이므로, ⑤가 가장 알맞다. (1단락 3~4행)

3 주어진 문장은 결국 선생님께 조언을 구했다는 내용이므로, 선생님의 구체적인 조언이 제시되는 내용 앞인 ④의 위치에 오는 것이 자연스럽다.

4 Jessica는 글쓴이에게 사과한 뒤 앞으로 더 친절하겠다고 약속했다. (3단락 2행)
Q: Jessica는 무엇을 하기로 약속했는가?
A: 그녀는 앞으로 더 친절하겠다고 약속했다.

구문 해설　**06행**　Jessica was not happy, **either**.
・either는 부정문에서 '또한'의 의미이다. 긍정문에서는 too를 사용한다.

08행　She told me, "Friendships are **not always** easy.
・not always는 부분 부정을 나타내어 '항상 ~인 것은 아니다'라고 해석한다.

09행　So **try talking** to Jessica about *how you feel*?"
・⟨try+-ing⟩는 '(시험 삼아) ~해 보다'의 의미이다.
・how you feel은 '네 기분이 어떠한지'의 의미이다. 의문문이 문장의 일부로 쓰인 간접의문문은 ⟨의문사+주어+동사⟩의 어순을 쓴다.

12행　She **promised to be** kinder in the future.
・⟨promise+to-v⟩는 '~하겠다고 약속하다'의 의미이다. promise는 목적어로 to부정사가 온다.

문제　Eventually, I **asked my teacher for advice**.
・⟨ask A(사람) for B(사물)⟩: A에게 B를 요청하다

07 Entertainment

p.028

정답				
1 ③	**2** ⑤	**3** ④	**4** The winners	
Word Check **1** perform		**2** vote	**3** competition	

지문 해석 대부분의 노래 경연 대회는 성인들을 위한 것이다. 그러나 아이들만을 위한 특별한 경연 대회가 있다.

〈보이스 키즈(The Voice Kids)〉는 2012년에 네덜란드에서 처음 방송되었다. 8세에서 14세의 아이들이 참가했다. 그들은 세 명의 심사위원들을 위해 오디션을 펼쳤다. 심사위원들은 오디션이 마음에 들면 자신들의 의자를 돌렸다. 그런 다음 심사위원들은 팀을 구성했다. 그들은 아이들이 노래와 공연을 더 잘하도록 도와주었다.

2012년부터 그 형식은 전 세계에서 판매되어 왔다. 다른 많은 나라들이 자체 제작 프로그램을 방송했다. 경연 대회는 텔레비전에서 방송된다. 시청자들은 가장 좋아하는 가수들에게 투표하게 된다. 우승자들은 상금을 받는다. 그들은 또한 자신들의 노래를 녹음하게 된다.

문제 해설 **1** 빈칸 이후 8세에서 14세의 아이들을 위한 노래 경연 대회인 〈보이스 키즈〉에 관해 소개하고 있으므로 ③ '아이들'이 가장 알맞다.

① 남자들   ② 여자들   ④ 학생들   ⑤ 십대들

2 〈보이스 키즈〉는 텔레비전으로 방송되고 시청자들이 좋아하는 가수들에게 투표한다고 했으므로 ⑤는 글의 내용과 일치하지 않는다. (3단락 3행)

3 심사위원들은 오디션이 마음에 들면 자신들의 의자를 돌린다고 했다. (2단락 3행)

4 앞 문장의 주어인, 시청자들이 투표를 통해 뽑은 우승자들(The winners)을 가리킨다.

구문 해설 **03행** Children **aged 8 to 14** entered.

• Children aged 8 to 14: 8세에서 14세의 아이들 cf. aged+숫자: (나이가) ～세의

06행 They **helped the children sing** and **perform** better.

• 〈help+목적어+(to)동사원형〉은 '～가 …하는 것을 돕다'의 의미이다.

08행 **Since** 2012, the format *has been marketed* worldwide.

• since는 '～부터'의 의미이다.

• has been marketed는 현재완료 수동태(have/has been+p.p.)로 '판매되어 왔다'의 의미이다. 과거인 2012년부터 지금까지 계속되는 일을 나타낸다.

10행 Viewers **get to vote** for their favorite singers.

• 〈get+to-v〉는 '～하게 되다', '～할 기회가 주어지다'의 의미이다.

08 Places

p.030

정답				
1 ⑤	**2** (1) T (2) F	**3** ④	**4** landmark, difficult, model, carved	
Word Check **1** massive		**2** landmark	**3** carve	

지문 해석 러시모어산(Mount Rushmore)은 사우스다코타주에 있는 유명한 미국의 랜드마크이다. 그 산에 조각된 네 명의 거대한 얼굴들이 있다. 이 얼굴들은 미국 대통령들의 것이다.

러시모어산을 조각하는 일은 쉽지 않았다. 먼저 Gutzon Borglum이라는 이름의 한 조각가가 모형을 만들었다. 각각의 인치는 산에서 1피트가 되었다. 그런 다음 약 4백 명의 일꾼들이 산을 조각하는 것을 도왔다. 그들은 바위를 자르기 위해 수공구와 다이너마이트를 사용했다. 놀랍게도 그 작업에서 아무도 죽지 않았다.

그 사업은 1927년에 시작되었다. 그것은 1941년이 되어서야 비로소 끝났다. 그것은 거의 백만 달러의 비용이 들었다. 오늘날 러시모어산은 매우 유명하다. 관광객들은 그저 그 얼굴들을 보기 위해 그곳을 방문한다. 각각의 얼굴은 높이가 약 60피트이다.

문제 해설

1 러시모어산에 조각된 대통령들의 누구인지는 언급되어 있지 않다.
① 러시모어산은 어디에 있는가 (1단락 1~2행)
② 누가 러시모어산을 설계했는가? (2단락 1~2행)
③ 그 산에서 얼마나 많은 사람들이 작업했는가? (2단락 3행)
④ 각 대통령의 얼굴은 높이가 얼마나 되는가? (3단락 3행)
⑤ 러시모어산에는 어떤 대통령의 얼굴들이 조각되었는가? (언급되지 않음)

2 (1) 먼저 Gutzon Borglum이라는 조각가가 모형을 만들었다고 했다. (2단락 1~2행)
(2) 바위를 자르기 위해 수공구와 다이너마이트를 사용했지만 놀랍게도 아무도 죽지 않았다고 했다. (2단락 4~5행)

3 오늘날 러시모어산은 매우 유명해서 그 얼굴들을 보기 위해 관광객이 방문한다고 했으므로 ④ '그것은 방문 명소이다'가 가장 알맞다. (3단락 2~3행)
① 얼굴들이 부서졌다.
② 그 지역은 위험하다.
③ 그것은 별로 인상적이지 않다.
⑤ 그 프로젝트는 아직 끝나지 않았다.

4 러시모어산은 미국의 유명한 랜드마크이다. 그것에는 조각된 네 명의 미국 대통령 얼굴들이 있다. 러시모어산을 조각하는 일은 어려웠다. 한 조각가 모형을 만들었다. 그런 다음 약 4백 명의 일꾼들이 그 산을 조각했다. 그것을 조각하는 데 1927년부터 1941년까지 걸렸다. 그것은 거의 백만 달러의 비용이 들었다. 오늘날 많은 사람들이 그 얼굴들을 보기 위해 그곳을 방문한다.

> 조각했다　　랜드마크　　모형　　어려운

구문 해설

02행 There are four massive faces **carved** into the mountain.
· 과거분사 carved는 '조각된'의 의미로, 앞의 명사구 four massive faces를 수식한다.

04행 First, a sculptor **named** Gutzon Borglum made a model.
· 과거분사 named는 '~라는 이름의'라는 의미로, 앞의 명사 a sculptor를 수식한다.

06행 Then, about 400 workers **helped carve** the mountain.
· 〈help+(to)동사원형〉은 '~하는 것을 돕다'의 의미이다.

09행 It did **not** finish **until** 1941.
· 〈not ~ until…〉은 '…이 되어서야 비로소 ~하다'의 의미이다.

UNIT 03

Words & Phrases

정답	A	**1** distraction	**2** breathe	**3** plant	**4** emergency	**5** wig	**6** select
	B	**1** safe	**2** soil	**3** match	**4** wool	**5** airline	**6** sand

문제 해석
A **1** 집중을 방해하는 것 **2** 숨쉬다 **3** 심다 **4** 응급 상황, 비상시 **5** 가발 **6** 선택하다

B **1** 빙판길에서 운전하는 것은 안전하지 않다.
2 식물은 자라기 위해 좋은 토양이 필요하다.
3 우리는 그 시합에서 우리 팀을 응원했다.
4 스웨터는 종종 양모로 만들어진다.
5 그 승무원은 항공사에서 일한다.
6 그 해변의 모래는 따뜻하고 황금빛이다.

09 Teens

p.036

정답	**1** ⑤ **2** ④ **3** ② **4** distraction, studies, responsibly, emergencies
	Word Check **1** safe **2** distraction **3** mature

지문 해석
Tina:
요즈음 십대들은 바쁜 일정을 갖고 있어요. 휴대 전화를 소지하는 것은 방해가 될 수 있어요. 많은 십대들이 휴대 전화로 게임을 해요. 그들은 또한 친구들에게 메시지를 많이 보내요. 그 결과, 그들은 학업에 집중하지 않아요. 이런 이유 때문에 저는 십대들이 휴대 전화를 소지해서는 안 된다고 생각해요.

Ben:
휴대 전화가 방해가 될 수 있다는 것은 사실이에요. 하지만 많은 십대들은 성숙해요. 그들은 전화를 책임감 있게 사용하는 방법을 배울 수 있어요. 많은 십대들이 또한 혼자서 학원에 가거나 버스를 타요. 그들이 이러한 상황들에서 안전할까요? 항상 그렇지는 않아요. 십대들은 휴대 전화를 비상시에 사용할 수 있어요. 이러한 이유들 때문에 저는 십대들이 휴대 전화를 소지해야 한다고 생각해요.

문제 해설
1 십대들의 휴대 전화 소지에 관한 Tina와 Ben의 찬반 토론이므로 ⑤가 가장 알맞다.

2 빈칸 뒤의 내용은 십대들이 친구들에게 메시지를 많이 보내는 것에 따른 결과에 해당하므로 ④ '그 결과'가 가장 알맞다.
① 대신에   ② 마찬가지로   ③ 그러나   ⑤ 예를 들어

3 Ben은 많은 십대들이 혼자서 학원에 가거나 버스를 타는데 이러한 상황들이 항상 안전한 것은 아니므로 휴대 전화를 소지해야 한다고 생각한다.
① 휴대 전화는 시간 낭비이다.
② 휴대 전화는 안전을 위해 필요하다.
③ 휴대 전화는 건강상의 문제를 일으킬 수 있다.
④ 휴대 전화는 십대들이 성적을 향상시키도록 돕는다.
⑤ 휴대 전화는 교실에서 허용되어서는 안 된다.

UNIT 03 | 011

4	Tina	Ben
	십대들은 휴대 전화를 소지해서는 안 된다.	십대들은 휴대 전화를 소지해야 한다.
	• 휴대 전화는 방해가 될 수 있다.	• 십대들은 전화를 책임 있게 사용할 수 있다.
	• 십대들은 <u>학업</u>에 집중하지 않는다.	• 휴대 전화는 <u>비상시</u>에 사용될 수 있다.

구문 해설

02행 **Having a cell phone** can be a distraction.
- Having a cell phone은 주어로 쓰인 동명사구로 '휴대 전화를 소지하는 것'으로 해석한다.

08행 **It** is true **that cell phones can be a distraction**.
- It은 가주어, that ~ distraction이 진주어이다. to부정사구나 that절이 주어일 때 가주어 it을 쓸 수 있으며, 가주어 it은 해석하지 않는다.

09행 They can learn **how to use** a phone responsibly.
- ⟨how+to-v⟩는 '~하는 방법'의 의미이다.

12행 Teens can use cell phones **in emergencies**.
- in emergencies: 비상시에

10 Environment

p.038

정답

1 ⑤   **2** (1) F (2) T   **3** ⑤   **4** The forests

Word Check   **1** select   **2** airline   **3** dust

지문 해석 나무가 잘리면 어떤 일이 일어날까? 그 지역은 사막이 된다. 사막의 토양은 건조하므로 바람은 그것을 쉽게 옮길 수 있다. 이 먼지는 공기를 숨쉬기 위험하게 만든다.

항공사인 대한항공은 이 문제를 해결하는 것을 돕기로 결심했다. 그 항공사는 '글로벌 나무 심기 프로젝트'를 시작했다. 목표는 사막을 숲으로 바꾸는 것이다. 그 그룹은 나무를 심음으로써 이것을 한다. 가장 먼저 몽고에 있는 한 사막을 선택했다. 약 12만 5천 그루의 나무가 그곳에 심어졌다. 그 지역은 이제 푸른 숲이다.

그 그룹은 다른 사람들도 나무를 심기 시작하기를 바란다. 숲은 깨끗한 공기를 만들어낼 것이다. 그것은 또한 모래가 공기 중에 유입되는 것을 막아줄 것이다.

문제 해설

1 사막을 숲으로 바꾸기 위한 '글로벌 나무 심기 프로젝트'에 관해 소개하는 글이다.
① 나무가 우리에게 주는 것
② 공기가 왜 위험한가
③ 사막 여행하기
④ 세계 최고의 항공사들
⑤ 글로벌 나무 심기 프로젝트

2 (1) 몽고의 사막에 나무를 심어 그 지역이 이제 푸른 숲이 되었다고 했으므로 사실이 아니다. (2단락 4~5행)
(2) 사막의 먼지는 바람을 타고 공기를 숨쉬기 위험하게 만든다고 했다. (1단락 2~3행)
(1) 나무는 사막에서 자랄 수 없다.
(2) 사막의 먼지는 공기를 위험하게 만든다.

3 주어진 문장의 there는 나무가 심어진 곳을 가리키므로 몽고의 사막이 언급된 문장 뒤인 ⑤의 위치에 오는 것이 자연스럽다.

구문 해설 **03행** This dust **makes the air unsafe** *to breathe.*
- 〈make+목적어+형용사〉는 '~을 …하게 만들다'의 의미이다.
- to breathe는 형용사 unsafe를 수식하는 to부정사의 부사적 용법으로 '~하기에'의 의미이다. unsafe to breathe 는 '숨쉬기에 위험한'의 의미이다.

04행 The airline Korean Air **decided to** *help* solve this problem.
- 〈decide+to-v〉는 '~하기로 결심하다'의 의미이다.
- 〈help+(to)동사원형〉은 '~하는 것을 돕다'의 의미이다.

05행 The goal is **to** *turn* deserts into forests.
- to turn은 to부정사의 명사적 용법으로 be동사 뒤에서 주격보어 역할을 한다. 해석은 '바꾸는 것'으로 한다.
- turn A into B는 'A를 B로 바꾸다'의 의미이다.

10행 They will also **stop sand from getting** into the air.
- 〈stop+목적어+from+-ing〉는 '~가 …하는 것을 막다'의 의미이다.

11 History

p.040

정답	1 ① 2 ③ 3 (1) F (2) T 4 bald heads
	Word Check 1 ugly 2 shave 3 wealth

지문 해석 사람들은 여러 많은 이유로 가발을 쓴다. 때때로 가발은 의상의 일부이다. 다른 때에는 가발이 대머리를 감춘다. 가발은 원래 어디에서 생겨났을까?

가장 오래된 가발은 이집트에서 유래했다. 고대 이집트에서 사막의 태양은 매우 뜨거웠다. 머리카락은 사람들을 더 덥게 만들 뿐이었다. 그리하여 이집트 사람들은 삭발을 했다. 하지만 그들은 대머리가 추하다고 생각했다. 대머리를 가리기 위해 그들은 가발을 썼다.

고대 이집트는 상류층과 하류층이 있었다. 두 계층 모두 삭발을 했지만 상류층은 훨씬 더 좋은 가발을 살 수 있었다. 그들의 가발은 인간의 머리카락이나 양모로 만들어졌다. 어떤 가발은 심지어 은으로 만들어졌다. 이러한 가발들은 그들의 부를 돋보이게 했다.

문제 해설 1 가발이 처음에 어디에서 유래했는지에 관한 글이므로 ① '최초의 가발'이 가장 알맞다.

2 고대 이집트 사람들은 머리카락 때문에 더 덥다고 느껴져서 삭발을 했다고 했다. (2단락 2~4행)
① 머리카락이 너무 빨리 자랐다.
② 머리카락이 추하게 여겨졌다.
③ 머리카락은 그들을 더 덥게 만들었다.
④ 머리카락은 그들의 사회 계층을 보여주었다.
⑤ 머리카락은 청결하게 유지하기 어려웠다.

3 (1) 상류층과 하류층 모두 삭발을 했다고 했으므로 사실이 아니다. (3단락 1~2행)
(2) 상류층이 쓴 가발 중 어떤 것은 은으로 만들어지기도 했다. (3단락 3~4행)

4 고대 이집트에서 사람들은 대머리를 가리기 위해 가발을 썼다.

　05행　Hair only **made people feel** hotter.
　・〈make＋목적어＋동사원형〉은 '~을 …하게 만들다'의 의미이다.

　08행　**To cover** their bald heads, they wore wigs.
　・To cover는 to부정사의 부사적 용법으로 '~하기 위해(목적)'의 의미로 쓰였다.

　09행　Both classes shaved their heads, but the upper class could buy **much better** wigs.
　・much는 비교급을 강조하는 부사로 '훨씬'의 의미이다.

　11행　Their wigs **were made of** human hair or wool.
　・〈be made of〉는 '~로 만들어지다'의 의미로, 재료의 형태가 남아 있는 경우에 쓰인다. 재료의 형태가 남아 있지 않은 경우에는 〈be made from〉을 사용한다. *cf.* Wine is made from grapes. (와인은 포도로 만들어진다.)

12 Sports

p.042

정답			
1 ③	**2** (1) T　(2) F	**3** ④	**4** stick, ball

Word Check　**1** stick　**2** steer　**3** skilled

지문 해석　폴로는 말을 타고 하는 스포츠이다. 시합에서 두 팀은 막대로 공을 쳐서 골문 안에 넣으려고 노력한다. 어떤 곳에서는 폴로 선수들이 말을 타지 않는다. 대신에 그들은 코끼리를 탄다!

코끼리 폴로 경기는 네팔, 인도, 태국에서 흔하다. 각각의 코끼리는 두 명을 태운다. 그들 중 한 명은 머하웃이라고 불리는데, 코끼리를 조종한다. 다른 선수는 막대를 사용하여 공을 치려고 노력한다.

코끼리는 말보다 훨씬 더 느리게 움직인다. 그러나 그 경기는 여전히 보고 하기에 흥미진진하다. 심지어 세계 코끼리 폴로 대회도 있다. 숙련된 선수들은 대회에 참가하기 위해 네팔에 갈 수 있다.

문제 해설　**1** 말을 타고 하는 일반 폴로 경기와 달리 코끼리를 타고 하는 폴로 경기에 관해 소개하고 있으므로 ③ '다른 종류의 폴로 경기'가 가장 알맞다.
　① 폴로 경기의 역사
　② 코끼리의 용도
　④ 스포츠를 하는 동물들
　⑤ 네팔에서 인기 있는 스포츠들

2 (1) 각각의 코끼리는 두 명을 태운다고 했다. (2단락 1~2행)
　(2) 세계 코끼리 폴로 대회는 네팔에서 열린다. (3단락 3행)

3 코끼리에 탄 두 명 중 한 명인 머하웃은 코끼리를 조종한다고 했다. (2단락 2~3행)
　[문제] 글에 따르면, 머하웃은 코끼리에게 어디로 갈지 지시한다.
　① 경기를 관람한다
　② 땅에 머무른다
　③ 공을 치기 위해 막대를 사용한다
　④ 코끼리에게 어디로 갈지 지시한다
　⑤ 어느 팀이 승자인지 결정한다

4 말을 타고 하는 일반 폴로 경기와 마찬가지로 코끼리 폴로 경기도 선수들이 공을 치기 위해 막대를 사용한다. (1단락 2행, 2단락 3행)
　Q: 폴로 경기와 코끼리 폴로 경기의 공통점은 무엇인가?

A: 선수들이 공을 치기 위해 <u>막대</u>를 사용한다.

구문 해설   05행 **One** of them, *called the mahout,* steers the elephant. **The other** player uses a stick and tries to hit the ball.

- 〈one ∼, the other …〉는 '(둘 중) 하나는 ∼, 다른 하나는 …'의 의미이다.
- called the mahout은 주어인 One of them을 부연 설명하기 위해 삽입된 어구이다. '머하웃이라고 불리는데'로 해석한다.

08행 Elephants move **much *slower*** than horses.
- much는 비교급을 강조하는 부사로 '훨씬'의 의미이다.
- slower는 '더 느리게'의 의미로, 부사 slow(느리게, 천천히)의 비교급으로 쓰였다. slow는 형용사(느린)와 부사(느리게)로 둘 다 쓰일 수 있다.

08행 However, the game is still exciting **to watch** and **(to) play**.
- to watch and (to) play는 형용사 exciting을 수식하는 to부정사의 부사적 용법으로 '∼하기에'의 의미이다. exciting to watch and play는 '보고 하기에 흥미진진한'의 의미이다.

10행 Skilled players can go to Nepal **to compete**.
- to compete는 to부정사의 부사적 용법으로 '∼하기 위해(목적)'의 의미로 쓰였다.

UNIT 04

Words & Phrases

p.047

정답	A	1 vacuum	2 melt	3 tie	4 shelf	5 bar	6 increase
	B	1 Practice	2 celebrated	3 warns	4 recipe	5 cages	6 hurt

문제 해석 A 1 진공청소기로 청소하다 2 녹다 3 묶다 4 선반 5 바, 막대 모양의 것 6 증가시키다

B 1 연습이 완벽을 만든다.

2 Nick과 Jane은 그들의 성공을 축하했다.

3 기상 캐스터는 오늘 밤에 내릴 폭우에 대해 경고한다.

4 나의 할머니는 맛있는 머핀 요리법을 알고 계신다.

5 그 국립공원은 동물들을 우리에 가두지 않는다.

6 때로는 농담이 사람들의 기분을 상하게 할 수 있다.

13 Family

p.048

정답	1 ⑤　　2 ②　　3 (1) F　(2) T　　4 The hamster
	Word Check 1 share　　2 laundry　　3 celebrate

지문 해석 매주 일요일 우리 가족은 우리 집을 청소한다. 우리 모두 해야 할 다른 일이 있다. 엄마는 빨래를 하고 바닥을 진공청소기로 청소하신다. 아빠는 욕실을 청소하신다. 그는 또한 쓰레기를 내다 버리신다.

내 여동생과 나는 방을 함께 써서 우리는 방을 함께 청소한다. 우리는 책상을 정리하고 선반의 먼지를 턴다. 내 여동생은 햄스터 우리도 청소한다. 햄스터는 그녀의 것이어서 그녀는 그것을 잘 돌봐야 한다.

일요일 밤에 우리 가족은 우리의 노고를 축하한다. 우리는 너무 피곤해서 요리를 할 수 없으므로 식당에 간다. 이번 주는 내가 식당을 고를 수 있다. 우리는 이탈리아 음식을 먹을 것이다!

문제 해설 1 글쓴이 가족이 일요일마다 하는 집안일에 관한 내용이므로 ⑤ '일요일마다 하는 집안일'이 가장 알맞다.

① 주말 계획

② 아이들을 위한 일

③ 나의 하루 일과

④ 우리 가족 구성원들

2 주어진 문장의 different jobs to do(해야 할 다른 일)이 구체적으로 소개되는 내용 앞인 ②의 위치에 오는 것이 자연스럽다.

3 (1) 햄스터 우리는 여동생이 청소한다고 했다. (2단락 2행)

(2) 집안 청소를 마치고 나면 가족 모두 너무 피곤해 요리를 할 수 없어 식당에 간다고 했다. (3단락 1~2행)

(1) 엄마는 햄스터 우리를 청소하신다.

(2) 일요일에는 아무도 저녁 식사를 요리하지 않는다.

4 it은 바로 앞에 나온 The hamster를 가리킨다.

구문 해설 07행 The hamster is hers, so she **has to take** care of it.

- 〈have/has to+동사원형〉은 '~해야 한다'의 의미이다.

08행 We are **too tired to cook**, so we go to a restaurant.
- 〈too+형용사/부사+to부정사〉는 '너무 ~해서 …할 수 없는'의 의미이다. 해석하면 '너무 피곤해서 요리를 할 수 없는'의 의미이다.

09행 This week, I **get to pick** the restaurant.
- 〈get+to-v〉는 '~하게 되다, ~할 기회가 주어지다'의 의미이다.

14 Jobs

p.050

정답	**1** ④ **2** ④ **3** ④ **4** master chocolatier
	Word Check **1** treat **2** eventually **3** recipe

지문 해석

대부분의 사람들이 초콜릿을 매우 좋아한다. 그것은 달콤하고 입 안에서 녹는다. 누가 초콜릿을 그렇게 맛있게 만드는가? 쇼콜라티에다!

쇼콜라티에는 그들의 하루를 새로운 초콜릿 먹거리를 만들면서 보낸다. 그들은 여러 종류의 초콜릿을 만들기 위해 요리법을 사용한다. 때때로 그들은 자신들만의 요리법을 만들어내기도 한다. 그런 다음 그들은 초콜릿의 모양을 만든다. 그들은 조각이나 막대 모양을 만든다. 어떤 쇼콜라티에들은 초콜릿 경연 대회에 나간다. 그들은 초콜릿으로 아름다운 조각품을 만든다!

당신은 쇼콜라티에가 되고 싶은가? 당신이 해야 할 몇 가지 일이 있다. (C) 우선 요리 학교에서 초콜릿에 대해 배워라. (A) 그런 다음 전문 쇼콜라티에와 공부해라. (B) 그것은 수년 간의 연습이 필요하다. 하지만 당신은 결국 전문 쇼콜라티에가 될 수 있다.

문제 해설

1 초콜릿을 만드는 것뿐만 아니라 초콜릿으로 아름다운 작품을 만드는 사람인 쇼콜라티에라는 직업에 관해 소개하는 내용이므로 ④가 가장 알맞다.

2 카카오 콩을 재배하는지는 글에서 언급되지 않았다.
① 그들은 초콜릿을 만든다. (2단락 1~2행)
② 그들은 초콜릿의 모양을 만든다. (2단락 4행)
③ 그들은 자신의 요리법을 만들어낸다. (2단락 3행)
④ 그들은 카카오 콩을 재배한다. (언급되지 않음)
⑤ 그들은 경연 대회에 나간다. (2단락 5행)

3 쇼콜라티에가 되기 위해서는 우선 요리 학교에서 초콜릿에 대해 배우고(C) 그런 다음 전문 쇼콜라티에와 공부하고(A) 이 과정이 수년 간의 연습이 필요하지만(B) 결국에는 전문 쇼콜라티에가 될 수 있다는 내용으로 이어지는 것이 글의 흐름에 자연스럽다.

4 <u>전문 쇼콜라티에</u>가 되기 위해서는 수년 간의 연습이 필요하다.

구문 해설

03행 Who **makes chocolate taste** so great?
- 〈make+목적어+동사원형〉은 '~을 …하게 만들다'의 의미이다.

05행 Chocolatiers **spend their days making** new chocolate treats.
- 〈spend+시간+-ing〉는 '~하면서 시간을 보내다'의 의미이다.

11행 There are **a few things** [*(that)* you need to do].

- a few는 셀 수 있는 명사의 복수형 앞에 쓰여 '소수의, 약간의'라는 의미이다.
- [ ]는 a few things를 수식하는 관계대명사절이다. 관계대명사절에는 목적격 관계대명사 that이 생략되었다.

15 Health

p.052

정답	1 ④　　2 ④　　3 ⓐ Acne　ⓑ dirt and oils　　4 ②
	Word Check 　1 pore　　2 improve　　3 hurt

지문 해석　　대부분의 십대들은 여드름이 난다. 여드름은 개인의 자신감을 해칠 수 있지만 그것을 치료할 몇 가지 방법이 있다.
　　첫째로, 순한 비누로 얼굴을 부드럽게 씻어라. 너무 많은 크림이나 세안제를 사용하지 마라. 이러한 제품들은 모공을 막을지도 모른다. (십대들의 거의 80퍼센트가 여드름이 난다.) 화장을 한다면 유분이 없는 제품만을 사용해라.
　　둘째로, 머리카락에는 먼지와 기름이 들러붙는다. 이것들은 당신이 잘 때 얼굴에 묻을 수 있다. 자기 전에, 당신의 머리를 얼굴에서 떨어지게 묶어라.
　　마지막으로, 스트레스는 피부에 좋지 않다. 스트레스 수준을 줄이기 위해 노력해라. 운동하는 것이나 충분한 수면을 취하는 것이 도움이 될 수 있다. 이러한 조언들을 따른다면 당신은 피부를 개선시킬 수 있다.

문제 해설　　1　십대들의 자신감을 해치는 여드름을 치료하는 세 가지 방법에 관해 조언하는 글이다.

　　2　여드름을 치료할 수 있는 방법에 관한 내용이므로 일반적 사실을 소개하는 (d) '십대들의 거의 80퍼센트가 여드름이 난다'는 내용은 글의 흐름에 맞지 않는다.

　　3　문맥상 ⓐ는 acne를 가리키며, ⓑ는 바로 앞에 나오는 dirt and oils를 가리킨다.

　　4　너무 많은 크림이나 세안제는 모공을 막을 수도 있다고 했으므로 ② '크림이나 세안제를 사용하는 것'은 해당되지 않는다. (2단락 2~3행)
　　① 순한 비누를 사용하는 것 (2단락 1~2행)
　　③ 유분이 없는 제품을 사용하는 것 (2단락 4행)
　　④ 운동하는 것 (4단락 2행)
　　⑤ 충분한 수면을 취하는 것 (4단락 2행)

구문 해설　　12행　　**Try to reduce** your stress levels.
　　　　　　　　・〈try+to-v〉는 '~하려고 노력하다'의 의미이다.

　　　　　　13행　　**Exercising or getting enough sleep** can help.
　　　　　　　　・exercising과 getting enough sleep은 주어로 쓰인 동명사(구)이며, 각각 '운동하는 것', '충분한 수면을 취하는 것'으로 해석한다.

16 Society

p.054

정답	1 ⑤　　2 ⑤　　3 (1) T　(2) F　　4 influencers, reviews, increase, warn
	Word Check 　1 choose　　2 provide　　3 increase

요즈음에는 상점에 너무나 많은 제품이 있다. 당신은 무엇을 살지 어떻게 결정할 수 있는가? 점점 더 소셜미디어 인플루언서들은 사람들이 제품을 선택하는 것을 돕는다.

인플루언서는 소셜미디어에서 팔로워를 끌어모은다. 그들은 인스타그램, 유튜브, 트위터 같은 사이트를 이용한다. 그들은 신제품을 써본 다음 후기를 제공한다. 많은 사람들이 제품을 구입하기 전에 그들의 후기를 읽는다.

좋은 후기는 제품의 매출을 증가시킬 수 있다. 반면에, 나쁜 후기는 매출에 타격을 줄 수 있다. 가끔은 제품에 문제가 있다. 그것은 제대로 작동하지 않을지도 모른다. 또는 그것이 사용하기에 안전하지 않을지도 모른다. 인플루언서들은 사람들에게 경고할 수 있다. 이것은 사람들이 더 나은 선택을 하도록 도울 수 있다.

문제 해설

1 SNS에서 영향력을 행사하는 사람인 인플루언서가 사람들의 제품 선택을 어떻게 돕는지에 관한 내용이므로 ⑤ '인플루언서가 사람들을 어떻게 도울 수 있는가'가 가장 알맞다.
① 온라인으로 제품을 판매하는 방법
② 인플루언서가 되는 방법
③ 제품 후기를 쓰는 방법
④ 소셜미디어 마케팅의 종류

2 빈칸 앞에는 좋은 후기가 매출에 미치는 영향이 나오고 빈칸 뒤에는 나쁜 후기가 매출에 미치는 영향이 나오므로, 서로 대조적인 내용을 연결해주는 ⑤ '반면에'가 가장 알맞다.
① 그러므로   ② 게다가   ③ 예를 들어   ④ 다시 말해서

3 (1) 인플루언서는 후기를 제공함으로써 사람들이 더 나은 선택을 하도록 돕는다고 했다. (1단락 2~3행, 3단락 6행)
(2) 제품에 문제가 있을 때는 나쁜 후기를 남겨 사람들에게 경고할 수 있다고 했으므로 사실이 아니다. (3단락 5~6행)

4 당신은 무엇을 살지 어떻게 결정하는가? 소셜미디어 인플루언서들이 당신을 도울 수 있다. 그들은 신제품들을 써보고 후기들을 제공한다. 인플루언서들은 제품의 매출을 증가시킬 수 있다. 그러나 때때로 제품에 문제가 있을 때, 그들은 사람들에게 경고한다. 이것은 사람들이 더 나은 선택을 하도록 돕는다.

| 후기들 | 경고하다 | 인플루언서들 | 증가시키다 |

구문 해설

01행 How can you decide **what to buy**?
• 〈what+to-v〉는 '무엇을 ~할지'의 의미이다.

02행 **More and more**, social media influencers *help people choose* products.
• more and more는 '점점 더'의 의미로, 문장 전체를 수식하는 부사로 쓰였다.
• 〈help+목적어+(to)동사원형〉은 '~가 …하는 것을 돕다'의 의미이다.

12행 Or **it** might not be safe *to use*.
• it은 대명사로 앞의 a product를 가리킨다. it을 가주어, to use를 진주어로 혼동하지 않도록 유의한다.
• to use는 형용사 safe를 수식하는 to부정사의 부사적 용법으로 '~하기에'의 의미이다. safe to use는 '사용하기에 안전한'의 의미이다.

Words & Phrases

p.059

정답							
	A	**1** move	**2** pet	**3** quality	**4** path	**5** thick	**6** wheel
	B	**1** nervous	**2** greet	**3** adventure	**4** join	**5** farm	**6** download

문제 해석
A **1** 이사하다 **2** 애완동물 **3** 질 **4** 작은 길, 오솔길 **5** 두꺼운 **6** 바퀴
B **1** 대부분의 학생들은 시험 전에 불안해진다.
2 너는 선생님에게 정중하게 인사해야 한다.
3 〈캐리비안의 해적〉은 모험 영화이다.
4 건강해지기 위해서 축구팀이나 농구팀에 가입해라.
5 그들은 이 농장에서 옥수수와 호박을 재배한다.
6 많은 휴대 전화 앱들은 무료로 다운로드할 수 있다.

17 Sports

p.060

정답	
	1 ① **2** (1) T (2) F **3** ③, ⑤ **4** tires, frames
	Word Check **1** path **2** benefit **3** adventure

지문 해석
대부분의 사람들은 공원이나 길에서 자전거를 탄다. 그러나 어떤 사람들은 더 많은 모험을 원한다. 그들은 산에 자전거를 타러 간다!

산악자전거 타는 사람들은 산길이나 비포장도로에서 탄다. 때때로 그들은 자신만의 속도로 타는 것을 즐긴다. 다른 때에는 길을 따라 결승선까지 경주를 한다. 산악자전거 타는 사람들은 특별한 자전거가 필요하다. 그들의 자전거는 튼튼해야 하므로 바퀴와 뼈대는 대개 일반 자전거보다 훨씬 더 두껍다.

산악자전거 타기는 매우 위험할 수 있다. 산악자전거 타는 사람들은 떨어져서 뼈가 부러질지도 모른다. 그러나 많은 건강상의 이점들도 있다. 산악자전거 타기는 심장 건강을 개선시킬 수 있다. 자연에서 시간을 보내는 것은 또한 스트레스를 줄일 수 있다.

문제 해설
1 더 많은 모험을 즐기기 원하는 사람들이 산길이나 비포장도로에서 타는 산악자전거에 관해 소개하는 글이다.
2 (1) 산악자전거는 산길이나 비포장도로에서 탄다고 했다. (2단락 1행)
(2) 산길을 따라 결승선까지 경주를 하기로 하므로 사실이 아니다. (2단락 2~3행)
3 심장 건강 개선, 스트레스 감소와 같은 건강상의 이점이 장점으로 언급되었다. (3단락 3~4행)
① 그것은 당신이 살이 빠지도록 돕는다.
② 그것은 당신의 뼈를 튼튼하게 만든다.
③ 그것은 심장 건강에 좋다.
④ 그것은 암을 예방할 수 있다.
⑤ 그것은 스트레스를 줄일 수 있다.
4 산악자전거는 더 튼튼해야 하므로 바퀴와 뼈대가 보통 더 두껍다고 했다. (2단락 4~5행)
Q: 산악자전거는 일반 자전거와 어떻게 다른가?
A: 산악자전거의 바퀴와 뼈대는 더 두껍다.

02행   They **go biking** in the mountains.

     • 〈go+-ing〉는 '~하러 가다'의 의미이다.

04행   Sometimes they **enjoy riding** *at their own pace.*

     • 〈enjoy+-ing〉는 '~하는 것을 즐기다'의 의미이다.

     • at one's own pace는 '자신만의 속도로'의 의미이다.

10행   **Spending time in nature** can also reduce stress.

     • Spending time in nature는 주어로 쓰인 동명사구로 '자연에서 시간을 보내는 것'으로 해석한다.

18 People

p.062

정답	**1** ① **2** ③ **3** (1) T (2) F **4** dogs, sheep, chickens
	Word Check **1** pet **2** quality **3** wheel

지문 해설   많은 사람들이 그들의 애완동물을 가족 구성원으로 생각한다. 하지만 만약에 애완동물이 늙거나 부상을 당한다면 어떻게 될까? 만약에 그들이 더 이상 걸을 수 없다면 어떻게 될까?

다행히도, 오늘날 애완동물들은 돌아다니기 위해 휠체어를 사용할 수 있다. 그 휠체어에는 두 개 또는 네 개의 바퀴와 특수한 벨트가 있다. 노령견은 관절의 통증을 줄이기 위해 휠체어를 사용할 수 있다. 또한 어떤 어린 개들은 부상을 당해서 휠체어를 사용해야 한다.

최초의 동물 휠체어는 개를 위한 것이었다. 요즈음에는 농장에도 동물 휠체어가 있다. 때로는 양과 닭조차 돌아다니는 데 어려움을 겪는다. 휠체어는 그들이 걷고 삶의 질을 개선하도록 돕는다.

문제 해설   **1** 늙거나 부상을 당해 걸을 수 없는 동물들을 위한 휠체어에 관해 소개하고 있으므로 ① '동물들을 위한 휠체어'가 가장 알맞다.

② 당신의 애완동물이 아프다는 신호들

③ 아픈 동물들을 돌보는 방법

④ 휠체어의 역사

⑤ 아픈 사람들을 위한 보조 동물들

2 빈칸 앞에서 애완동물들이 늙거나 부상을 당해 걸을 수 없다면 어떻게 될지 질문을 던졌고, 빈칸 뒤에서는 휠체어 덕분에 애완동물들이 돌아다닐 수 있다는 긍정적인 내용이 나오므로 ③ '다행히도'가 가장 알맞다.

① 게다가   ② 그 결과   ④ 예를 들어   ⑤ 다시 말해서

3 (1) 동물 휠체어에는 두 개 또는 네 개의 바퀴와 특수한 벨트가 있다고 했다. (2단락 2행)

(2) 어린 개도 부상을 당할 경우 휠체어를 사용한다고 했다. (2단락 3~4행)

4 최초의 동물 휠체어는 개를 위한 것이었다. 그러나 요즈음에는 양이나 닭 같은 다른 동물들도 돌아다니기 위해 휠체어를 사용할 수 있다.

구문 해설   01행   Many people **think of** their pets **as** family members.

     • 〈think of A as B〉는 'A를 B로 생각하다'의 의미이다.

02행   **What if** the pets get old or injured?

     • 〈what if ~?〉는 '~라면 어떻게 될까?'의 의미이다.

10행   Sometimes sheep and even chickens **have trouble getting** around.

     • 〈have trouble -ing〉는 '~하는 데 어려움을 겪다'의 의미이다.

12행   Wheelchairs can **help them walk** and **improve** their quality of life.

- 〈help+목적어+(to)동사원형〉은 '~가 …하는 것을 돕다'의 의미이다. 문장의 전체 동사는 help이고 동사원형 walk
와 improve가 and로 연결되어 있다.

19 Teens

p.064

정답	**1** ⑤ **2** ④ **3** ⑤ **4** your classmates
	Word Check **1** friendly **2** nervous **3** well-being

지문 해석

Annie에게,

다음 주에 저는 대도시로 이사를 가요. 저는 새로운 학교에 다니는 것에 대해 매우 불안해요. 그곳에는 친구가 한 명도 없어요. 친구를 사귀기 위해 제가 할 수 있는 일이 있을까요?

Jenny 드림

Jenny에게,

새로운 친구를 사귀는 일은 어려울 수 있단다. 하지만 네가 할 수 있는 몇 가지가 있어. 첫째로, 항상 상냥해라. 매일 아침 웃는 얼굴로 반 친구들을 맞이해보렴. 둘째로, 좋은 친구들은 공통의 관심사를 가지고 있으니 반 친구들에게 그들의 취미에 대해 물어보렴. 동호회나 스포츠 팀에 가입할 수도 있단다. 마지막으로, 친절은 큰 도움이 된단다. 항상 반 친구들에게 예의 바르게 행동해라. 이것은 그들에게 네가 그들의 행복에 대해 신경 쓰고 있다는 것을 보여줄 거야.

Annie가

문제 해설

1 대도시로 이사를 가게 되어 새로운 학교에서 친구를 사귀는 것에 관한 조언을 구하고 있으므로 ⑤ '새로운 학교에서 친구 사귀기'가 가장 알맞다.
① 이삿짐 싸기
② 새로운 도시로 이사 가기
③ 더 좋은 성적 받기
④ 친구와 화해하기

2 Jenny는 새로운 학교로 가서 매우 불안하다고 했다. (1단락 2행)
① 화가 난   ② 지루한   ③ 신이 난   ④ 걱정스러운   ⑤ 평온한

3 친구의 숙제를 도와주는 것에 대해서는 글에서 언급되지 않았다.

4 them은 바로 앞 문장에 나온 your classmates를 가리킨다.

구문 해설

03행 Is there **anything** [(**that**) I can do] *to make* friends?
- [ ]는 anything을 수식하는 관계대명사절이다. 관계대명사절에는 목적격 관계대명사 that이 생략되어 있다. 해석하면 '내가 할 수 있는 일'이 된다.
- to make는 to부정사의 부사적 용법으로 '~하기 위해(목적)'의 의미로 쓰였다.

07행 However, there are **a few *things*** [(*that*) you can do].
- a few는 셀 수 있는 명사의 복수형 앞에 쓰여 '소수의, 약간의'라는 의미이다.
- [ ]는 a few things를 수식하는 관계대명사절이다. 관계대명사절에는 목적격 관계대명사 that이 생략되어 있다. 해석하면 '당신이 할 수 있는 몇 가지 일'이 된다.

11행 Lastly, kindness **goes a long way**.
- go a long way는 '도움이 되다, 유용하다'의 의미이다.

20 Technology

정답
1 ④　　2 ④　　3 ④　　4 device, trees, size, paying, Authors
Word Check 1 convenient　　2 author　　3 theft

지문 해석

전자책은 디지털 책이다. 당신은 전자책을 구입하거나 도서관에서 빌릴 수 있다.

전자책을 읽는 것은 매우 편리하다. 당신은 그것을 당신의 전화, 태블릿 PC, 전자책 단말기에서 읽을 수 있다. 당신은 하나의 장치에 수백 권의 책을 휴대할 수 있다. 전자책은 종이를 사용하지 않아서 많은 나무들을 살릴 수 있다. 당신은 또한 전자책의 글자 크기를 바꿀 수 있다. 이것은 시력에 문제가 있는 독자들에게 매우 좋다.

그러나 저작권 침해는 큰 문제이다. 저작권 침해는 디지털 책의 절도 행위이다. 이것은 사람들이 비용을 지불하지 않고 전자책을 다운로드해서 읽는 것을 의미한다. (사실 어떤 사람들은 여전히 종이책을 선호한다.) 저작권 침해 때문에 저자들과 출판사들은 손해를 본다.

문제 해설

1 전자책의 장점과 단점을 소개하고 있으므로 ④ '전자책: 찬반 양론'이 가장 알맞다.
① 전자책의 용도
② 전자책을 만들자
③ 전자책의 문제점
⑤ 전자책 대 종이책

2 전자책의 글자 크기를 바꿀 수 있으므로 시력에 문제가 있는 독자들에게 매우 좋다라고 했다. (2단락 4~5행)

3 전자책의 단점인 저작권 침해에 관해 언급하고 있는 단락에서 (d) '어떤 사람들은 여전히 종이책을 선호한다'는 내용은 글의 흐름에 맞지 않는다.

4

전자책

장점	단점
• 하나의 장치에 많은 책을 휴대할 수 있다. • 많은 나무들을 살릴 수 있다. • 전자책의 글자 크기를 바꿀 수 있다.	• 사람들은 비용을 지불하지 않고 전자책을 다운로드해서 읽을 수 있다. • 저자들과 출판사들은 손해를 본다.

구문 해설

03행 **Reading e-books** is very convenient.
• Reading e-books는 주어로 쓰인 동명사구로 '전자책을 읽는 것'으로 해석한다. 동명사구 주어는 단수 취급하므로 단수동사 is가 쓰였다.

06행 This is great for **readers who have trouble seeing**.
• readers who have trouble seeing: 시력에 문제가 있는 독자들
• 〈have trouble -ing〉는 '~하는 데 어려움을 겪다'의 의미이다.

09행 This means [(**that**) people download and read e-books *without paying* for them].
• [ ]는 means의 목적어절로 means 뒤에 접속사 that이 생략되어 있다.
• 〈without -ing〉는 '~하지 않고'의 의미이다. without paying for them은 '그것들에 대한 비용을 지불하지 않고'의 의미이다.

11행 **Because of** piracy, authors and publishers lose money.
• 〈because of+명사(구)〉는 '~ 때문에'의 의미이다.

UNIT 06

Words & Phrases

p.071

정답							
	A	**1** cactus	**2** string	**3** surface	**4** fluffy	**5** stem	**6** container
	B	**1** survive	**2** collect	**3** holiday	**4** prize	**5** colorful	**6** flour

문제 해석
A 1 선인장   **2** 끈, 줄   **3** 표면, 지면, 수면   **4** 폭신폭신한   **5** 줄기   **6** 용기, 통
B 1 식물은 물 없이 생존할 수 없다.
    2 나는 바닷가에서 조개껍데기를 모으는 것을 매우 좋아한다.
    3 그들은 명절에 칠면조 고기를 요리했다.
    4 그는 말하기 대회에서 상을 받았다.
    5 앵무새는 다채로운 깃털을 가지고 있다.
    6 우리는 빵을 만들기 위해 밀가루를 사야 한다.

21 Money

p.072

정답	
	1 ① **2** (1) T (2) F **3** ③, ④ **4** build
	Word Check **1** theme **2** audience **3** advertisement

지문 해석
유튜브(YouTube)는 돈을 버는 인기 있는 방법이다. 그것을 시도해보고 싶은가? 여기 몇 가지 조언이 있다.

우선, 채널을 만들어라. 반드시 짧은 사용자 이름을 선택하도록 해라. 그렇게 하면 사람들이 그것을 쉽게 기억할 것이다. 그 다음에, 당신의 채널에 내용을 추가해라. 하나의 주제를 골라 그것을 고수하도록 해라. 이것은 당신이 구독자들을 유지하는 데 도움이 될 것이다. 마지막으로, 당신의 시청자와 자주 접촉해라. 당신의 영상들을 소셜미디어에 공유해라.

일단 채널을 만들고 나면 당신은 영상들에 광고를 게재할 수 있다. 돈을 벌기 시작하기 위해서는 최소 천 명의 구독자와 4천 시청 시간이 필요하다. 더 많은 사람들이 당신의 영상들을 볼수록 당신은 더 많은 돈을 번다.

문제 해설
1 유튜브에서 채널을 만들어 수익을 창출할 수 있는 방법에 관해 소개하고 있으므로 ① '돈을 버는'이 가장 알맞다.
    ② 의사소통하는
    ③ 유명해지는
    ④ 새로운 친구를 사귀는
    ⑤ 광고를 게재하는
2 (1) 유튜브 채널의 사용자 이름은 사람들이 기억하기 쉽게 짧은 것을 고르라고 했다. (2단락 1~2행)
    (2) 하나의 주제를 정하고 그것을 고수해야 구독자를 유지할 수 있다고 했다. (2단락 3~4행)
3 최소 천 명의 구독자와 4천 시청 시간을 충족해야 돈을 벌 수 있다고 했다. (3단락 2~3행)
4 set up은 '(채널을) 만들다'의 의미로 3단락 1행의 build와 바꾸어 쓸 수 있다.

구문 해설
03행   **Make sure to choose** a short username.
    • 〈make sure to-v〉는 '반드시 ~하다'의 의미이다.

06행   Next, **add** content **to** your channel.
    • 〈add A to B〉는 'A를 B에 추가하다'의 의미이다.

10행 **Once** you build your channel, you can *place advertisements* in your videos.
- once는 '일단 ~하면'이라는 뜻의 접속사로 쓰였다.
- place an advertisement: 광고를 싣다

12행 **The more** people watch your videos, **the more** money you make.
- 〈the+비교급, the+비교급〉은 '더 ~할수록 더 …하다'의 의미이다.

22 Plants

p.074

정답	**1** ⑤　　**2** ②　　**3** (1) F　(2) T　　**4** widely, surface, thick, store, water, animals
	Word Check　**1** surface　　**2** survive　　**3** store

지문 해석　대부분의 식물은 덥고 건조한 곳에서 자라지 않는다. 그러나 사막에는 많은 선인장들이 있다. 그것들은 어떻게 살아남을까?

선인장의 뿌리는 물을 매우 잘 흡수한다. 그것은 넓게 퍼지고 표면에 가까이 있다. 이러한 이유로, 그 식물은 더 많은 빗물을 얻을 수 있다.

게다가 선인장은 쉽게 마르지 않는다. 그 이유는 선인장 줄기가 매우 두껍기 때문이다. 비가 오면 선인장은 줄기에 많은 양의 물을 저장할 수 있다.

마지막으로, 식물은 잎을 통해 수분을 잃는다. 그러나 선인장은 수분의 손실을 줄여주는 가시가 있다. 선인장 가시는 그 식물을 굶주린 동물들로부터 보호해주기도 한다.

문제 해설　**1**　대부분의 식물이 덥고 건조한 곳에서 자라지 못하지만 선인장은 사막에서도 살아남을 수 있는 이유를 설명하는 글이다.

2　선인장 줄기는 매우 두꺼워서 비가 오면 많은 양의 물을 저장할 수 있다고 했다. (3단락 2~3행)
① 그것들은 물을 흡수한다.
② 그것들은 물을 저장한다.
③ 그것들은 길고 가늘다.
④ 그것들을 통해 물이 손실된다.
⑤ 그것들은 선인장을 동물들로부터 보호한다.

3　(1) 선인장의 뿌리는 더 많은 빗물을 얻을 수 있도록 표면 가까이에 넓게 퍼져 있다고 했다. (2단락 2행)
(2) 선인장은 수분의 손실을 줄여주는 가시가 있다고 했다. (4단락 2행)

4
선인장의 구조

뿌리	• 물을 매우 잘 흡수한다 • 더 많은 빗물을 얻기 위해 넓게 퍼지고 표면에 가까이 있다
줄기	• 매우 두껍다 • 많은 물을 저장할 수 있다
가시	• 수분의 손실을 줄여준다 • 그 식물을 굶주린 동물들로부터 보호한다

구문 해설　03행 **The roots** of a cactus **are** *great at* absorbing water.
- 주어는 The roots이므로 복수동사 are가 쓰였다.
- 〈be great at〉은 '~을 매우 잘하다'의 의미이다.

06행 **The reason is that** cactus stems are very thick.

- 〈The reason is that+주어+동사〉는 '그 이유는 ~ 때문이다'의 의미이다.

07행 When **it** rains, a cactus can store a lot of water in its stem.
- 시간, 날짜, 요일, 계절, 날씨, 명암 등을 나타낼 때 형식적인 주어로 it을 사용한다. 이때의 it을 비인칭주어라고 하며, '그것'으로 해석하지 않도록 주의한다.

09행 However, a cactus has **spines** [**that** reduce water loss].
- [ ]는 spines를 수식하는 주격 관계대명사절이다. 해석하면 '수분의 손실을 줄여주는'의 의미이다.

10행 Cactus spines **protect the plant from hungry animals**, too.
- 〈protect A from B〉는 'A를 B로부터 보호하다'의 의미이다.

23 Culture

정답	1 ⑤ 2 ④ 3 ⑤ 4 사탕이나 장난감
	Word Check 1 string 2 collect 3 container

지문 해석 피냐타는 파티에 있으면 재미있다. 그것은 색이 다채로운 종이로 만든 통이다. 피냐타는 말 모양일지도 모른다. 그것은 또한 별이나 코끼리일 수도 있다. 각각의 피냐타 안에는 맛있는 사탕이 들어 있다.

피냐타는 긴 줄에 매달려 있다. (B) 아이들은 그것을 부수어 열기 위해 막대기로 친다. (C) 그러면 사탕이 떨어진다. (A) 때로는 장난감도 떨어진다. 아이들은 서둘러 상품들을 가져간다.

오늘날 멕시코 사람들은 피냐타를 만든다. 그들은 그것을 생일이나 크리스마스 같은 명절에 만든다. 다른 나라 사람들도 피냐타를 좋아한다. 미국 아이들은 생일 파티에서 그것을 매달아 놓기도 한다.

문제 해설 1 멕시코와 미국 등에서 아이들이 생일 파티나 명절 때 사탕이나 장난감이 들어 있는 통인 피냐타를 줄에 매달아 놓고 막대기로 쳐서 깨뜨리는 놀이에 관해 소개하고 있으므로 ⑤ '피냐타는 어떻게 언제 사용되는가'가 가장 알맞다.
① 멕시코의 명절
② 피냐타의 모양
③ 피냐타의 역사
④ 아이들을 위한 재미있는 파티 놀이들

2 줄에 매달려 있는 피냐타를 막대기로 부수어 열면(B) 사탕이 떨어지고(C) 때로는 장난감도 떨어진다(A)는 내용으로 이어지는 것이 자연스럽다.

3 멕시코 외에 다른 나라 사람들도 피냐타를 좋아하고 미국 아이들 또한 생일 파티 때 피냐타를 매달아 놓는다고 했다. (3단락 2~4행)

4 the prizes는 피냐타 안에 들어있는 사탕이나 장난감을 의미한다.

구문 해설 01행 They are containers **made of** colorful paper.
- made of는 '~로 만든'의 의미로, 앞에 오는 명사 containers를 수식한다.

06행 Children hit them with sticks **to break** them open.
- to break는 to부정사의 부사적 용법으로 '~하기 위해(목적)'의 의미로 쓰였다.
- break ~ open은 '~을 부수어 열다'의 의미이다. them은 piñatas를 가리킨다.

11행 Children in the U.S. **hang them up** at birthday parties, too.
- hang up은 〈타동사+부사〉로 이루어진 구동사로서 '~을 매달다'의 의미이다. 구동사의 목적어는 부사 앞이나 뒤에 올 수 있지만, 목적어가 대명사인 경우에는 〈타동사+목적어+부사〉의 어순만 가능하다. cf. hang up them (X)

24 Food

p.078

정답	**1** ② **2** (1) F (2) T **3** ⓐ this mixture ⓑ bakeries
	4 old, hot stones, grinding tool, fluffy

Word Check **1** mixture **2** fluffy **3** grain

지문 해석 빵은 세계에서 가장 오래된 음식들 중 하나이다. 약 30,000년 전에, 초기 인류는 곡물을 물과 섞었다. 그들은 이 혼합물을 익히지 않은 상태로 먹었다. 후에 그들은 그것을 뜨거운 돌 위에 익혀보았다. 이것은 최초의 빵이 되었다.

빵은 기원전 8,000년경에 인기를 얻게 되었다. 중동 사람들은 밀가루를 만들기 위해 특별한 분쇄 도구를 사용했다. 그런 다음 그들은 밀가루를 물과 섞었고 납작한 빵을 구웠다. 후에 사람들은 이스트를 넣었다. 이것은 빵을 부풀게 만들었다.

여러 세기에 걸쳐 빵은 다른 나라들로 퍼졌다. 제빵사들은 자신만의 요리법을 만들었다. 오늘날에는 어디에나 빵집이 있다. 그 빵집들은 많은 종류의 빵을 판매한다. 이 빵들은 최초의 빵보다 더 부드럽고 더 맛있다.

문제 해설 **1** 초기 인류가 만들었던 최초의 빵에서부터 중동 사람들의 납작한 빵을 거쳐 오늘날의 빵에 이르기까지 빵의 역사를 소개하고 있으므로 ② '빵의 역사'가 가장 알맞다.
① 고대의 제빵사들
③ 여러 종류의 빵
④ 집에서 만든 빵 요리법
⑤ 빵은 당신에게 좋은가 나쁜가?

2 (1) 뜨거운 돌 위에서 빵을 익힌 것은 초기 인류였다. (1단락 3행)
(2) 중동 사람들은 밀가루를 만들기 위해 특별한 분쇄 도구를 사용했다고 했다. (2단락 2행)

3 문맥상 ⓐ는 바로 앞 문장의 this mixture를, ⓑ는 앞 문장의 bakeries를 가리킨다.

4 빵은 매우 오래된 음식이다. 초기 인류는 곡물을 물과 섞었다. 그런 다음 그들은 그것을 뜨거운 돌 위에서 익혔다. 중동 사람들은 밀가루를 만들기 위해 분쇄 도구를 사용했다. 그들은 납작한 빵을 만들기 위해 밀가루를 물과 섞었다. 후에 그들은 이스트를 첨가했다. 이것은 빵을 부풀게 만들었다. 오늘날에는 어디에나 빵집이 있다. 그들은 많은 종류의 빵을 판매한다.

오래된	뜨거운 돌	부푼	분쇄 도구

구문 해설 **01행** Bread is **one of the oldest foods** in the world.
· ⟨one of the+최상급+복수명사⟩는 '가장 ~한 …들 중 하나'의 의미이다.

01행 Around 30,000 years ago, early humans **mixed grains with water**.
· ⟨mix A with B⟩는 'A를 B와 섞다'의 의미이다.

08행 This **made bread fluffy**.
· ⟨make+목적어+형용사⟩는 '~을 …하게 만들다'의 의미이다.

12행 These breads are **softer** and **tastier than** the first breads.
· ⟨비교급+than⟩은 '~보다 더 …한'의 의미이다. 비교급은 일반적으로 형용사에 -er을 붙여 만들지만(softer), '자음+y'로 끝나는 형용사는 y를 i로 바꾸고 -er을 붙인다(tastier).

UNIT 06 | **027**

UNIT 07

Words & Phrases

p.083

정답							
	A	1 castle	2 relax	3 recycling	4 transform	5 shade	6 temperature
	B	1 during	2 owner	3 hobby	4 scolded	5 well	6 destroy

문제 해석

A 1 성　2 휴식을 취하다　3 재활용　4 변하다　5 그늘　6 온도

B 1 우리는 여행하는 <u>동안</u> 매우 즐거운 시간을 보냈다.

　2 내 삼촌은 그 카페의 <u>주인</u>이다.

　3 그녀의 <u>취미</u>는 액션 피겨(캐릭터 인형)를 수집하는 것이다.

　4 선생님은 지각했다고 나를 <u>꾸짖으셨다</u>.

　5 마을 주민들은 <u>우물</u>에서 물을 얻는다.

　6 허리케인은 매년 많은 집들을 <u>파괴한다</u>.

25 Teens

p.084

정답	
	1 ①　2 ⑤　3 ⓐ Vacations　ⓑ Good relationships　4 ⑤
	Word Check　1 take up　2 overload　3 attend

지문 해석

많은 학생들이 여름 방학과 겨울 방학을 몹시 기다린다. 방학은 즐겁다. 그것은 또한 중요하다.

학생들은 많은 시간을 공부하면서 보낸다. (C) 이것은 과중한 스트레스를 유발할 수 있다. (B) 방학 동안 학생들은 휴식을 취할 자유 시간을 더 많이 갖는다. (A) 이것은 그들의 스트레스를 줄이도록 돕는다.

방학은 또한 학생들에게 가족 및 친구들과 함께할 더 많은 시간을 준다. 이것은 그들의 관계를 더 좋게 만든다. 좋은 관계는 중요하다. 그것은 사람들을 행복하게 유지한다.

마지막으로, 학생들은 새로운 것들을 탐구할 수 있다. 그들은 새로운 취미를 시작하거나 여행을 할 수 있다. 어떤 학생들은 캠프에 참가하거나 아르바이트를 구한다. 이러한 것들은 그들이 교실 밖에서 배울 수 있도록 해준다.

문제 해설

1 방학이 학생들에게 제공하는 이점들에 관한 내용이므로 ①이 가장 알맞다.

2 학생들이 많은 시간을 공부하며 보내는 것은 과중한 스트레스를 유발할 수 있는데(C), 방학 동안에는 휴식을 취할 자유 시간이 더 많아지므로(B) 학생들의 스트레스를 줄이는 데 도움이 된다(A)는 내용으로 이어지는 것이 자연스럽다.

3 문맥상 ⓐ는 바로 앞의 Vacations를, ⓑ는 앞 문장의 주어인 Good relationships를 가리킨다.

4 새 취미 갖기, 여행하기, 캠프 참가하기, 아르바이트 하기가 예로 언급되었다. (4단락 1~3행)

구문 해설

01행 Many students **look forward to** summer and winter vacation.

・〈look forward to+명사/-ing〉는 '~을 몹시 기다리다'의 의미이다.

03행 Students **spend a lot of time studying**.

・〈spend+시간+-ing〉는 '~하면서 시간을 보내다'의 의미이다.

04행 **During** vacations, students have more free time *to relax*.

・〈during+명사(구)〉는 '~ 동안'의 의미이다.

・to relax는 앞의 명사구 more free time을 수식하는 형용사적 용법의 to부정사이다. 형용사적 용법의 to부정사는

'~할, ~하는'으로 해석한다.

06행 Vacations also **give students more time with their family and friends**.
- 〈give+간접목적어(사람)+직접목적어(사물)〉은 '~에게 …을 주다'의 의미이다.

07행 This **makes their relationships better**.
- 〈make+목적어+형용사〉는 '~을 …하게 만들다'의 의미이다. 여기서는 형용사 자리에 good의 비교급 better가 쓰였다.

11행 These things **allow them to learn** outside the classroom.
- 〈allow+목적어+to-v〉는 '~가 …하도록 (허락)해주다'의 의미이다.

26 Art

p.086

정답	1 ⑤　　2 (1) T　(2) F　　3 ⑤　　4 사람들이 플라스틱을 덜 사용하는 것
Word Check	1 environment　　2 destroy　　3 on display

지문 해석　예술이 환경 보호에 도움이 될 수 있을까? 프랑스에서 한 무리의 예술가들이 바로 그것을 하기를 원했다. 석 달 동안 그들은 6천 개가 넘는 비닐봉지를 모았다. 이 봉지들은 많은 다양한 상점에서 왔다.
　그 예술가들은 한 오래된 건물을 골랐다. 그런 다음 그들은 창문을 봉지로 가득 채웠다. 밤에 내부는 환하게 밝혀졌다. 그 건물은 플라스틱으로 가득 찬 것처럼 보였다. 그 건물은 4일 동안 전시되었다.
　예술가들은 왜 이것을 했는가? 그들은 플라스틱 오염에 관심을 끌기를 원했다. "재활용은 충분하지 않아요"라고 그들은 말했다. 플라스틱 쓰레기가 지구를 파괴하고 있다. 그들은 사람들이 플라스틱을 덜 사용하기를 원한다. 이것은 지구를 살리는 데 도움이 될 것이다.

문제 해설

1　사람들에게 플라스틱 오염에 대한 경각심을 주기 위해 예술가들이 오래된 건물의 창문들을 비닐봉지로 가득 채운 예술 작품을 만들었다는 내용이므로 ⑤가 가장 알맞다.

2　(1) 예술가들은 석 달 동안 6천 개가 넘는 비닐봉지를 모았다고 했다. (1단락 2~3행)
　(2) 밤에는 내부가 환하게 밝혀졌다고 했다. (2단락 2행)

3　빈칸 뒤에서 플라스틱 쓰레기로 파괴되고 있는 지구를 살리는 데 도움이 되기를 바란다고 한 것으로 보아 ⑤ '플라스틱 오염에 관심을 끌기를' 원해서 이렇게 했음을 알 수 있다.
　① 유명해지기를
　② 그들의 예술 작품을 판매하기를
　③ 사람들에게 재활용을 장려하기를
　④ 오래된 건물이 새것처럼 보이도록 만들기를

4　바로 앞 문장에 언급된 '사람들이 플라스틱을 덜 사용하는 것'을 의미한다.

구문 해설　04행 Then, they **filled the windows with the bags**.
- fill A with B: A를 B로 채우다

05행 At night, the inside **was lit up**.
- 〈was/were+p.p.〉는 과거 수동태로 '~되었다'의 의미이다. lit는 light(불을 켜다)의 과거분사로 쓰였으며, light up은 '환하게 밝히다'의 의미이다. *cf.* light-lit-lit

05행 **It looked like (that)** the building *was full* of *plastic*.
- 〈It looks like (that)+주어+동사〉는 '~인 것처럼 보이다'라는 뜻으로, like 뒤에 명사절을 이끄는 접속사 that이 생

락되었다.
- be full of: ∼으로 가득 차다

10행 They **want people to use** *less* plastic.
- 〈want+목적어+to-v〉는 '∼가 …하기를 원하다'의 의미이다.
- less는 little의 비교급으로 '더 적은'의 의미이다. *cf.* little-less-least

27 Story

p.088

정답	**1** ②　　**2** ⑤　　**3** (1) F　(2) T　　**4** handsome prince
	Word Check　**1** well　　**2** transform　　**3** unwillingly

지문 해석　옛날에 한 아름다운 공주가 있었다. 어느 날, 그녀는 황금 공을 가지고 놀고 있었다. 그런데 그 공이 우물에 빠졌다. 공주가 울기 시작했을 때 개구리 한 마리가 물에서 뛰어나왔다.
그는 "제가 그것을 공주님께 가져다드리면 저에게 입맞춤을 해주시겠어요?"라고 말했다.
"그럼요"라고 그녀는 거짓말을 했다.
잠시 후에 그는 그녀에게 그 공을 가져다주었지만, 공주는 그것을 집어 달아났다.
그 다음 날 개구리는 성을 방문해서 왕에게 공주가 한 약속에 대해 이야기했다. 왕은 자신의 딸을 꾸짖었다. 그녀는 마지못해 개구리의 머리에 입맞춤을 했다. 놀랍게도 그 개구리는 잘생긴 왕자로 변했다.

문제 해설　**1**　공주는 우물에 빠진 공을 가져다주면 개구리에게 입맞춤을 해주겠다고 약속했다. (2단락 2∼3행)
① 그와 결혼하는 것
② 그에게 입맞춤하는 것
③ 그의 친구가 되는 것
④ 그에게 황금 공을 주는 것
⑤ 그를 성으로 초대하는 것

2　개구리가 왕에게 공주의 약속에 대해 말한 후에 왕이 공주를 꾸짖었으므로 약속을 지키지 않은 것에 대해 꾸짖었음을 알 수 있다. (3단락 1∼2행)

3　(1) 입맞춤을 해주겠다는 약속을 어기고 달아난 것으로 보아, 공주는 개구리가 마음에 들지 않았음을 짐작할 수 있다. (2단락 4∼5행)
(2) 왕이 공주를 꾸짖은 후에 마지못해 개구리에게 입맞춤을 했다고 했으므로, 공주는 결국 약속을 지켰음을 알 수 있다. (3단락 3행)
(1) 공주는 그 개구리를 좋아했다.
(2) 공주는 결국 그녀의 약속을 지켰다.

4　그 개구리는 사실은 <u>잘생긴</u> <u>왕자</u>였다.

구문 해설　01행　One day, she **was playing** with a golden ball.
- 〈was/were+-ing〉는 과거진행형으로 '놀고 있었다'의 의미이다.

04행　When the princess **began to cry**, a frog jumped out of the water.
- 〈begin+to-v/-ing〉는 '∼하기 시작하다'의 의미이다. begin은 목적어로 to부정사와 동명사 둘 다 올 수 있다.

07행　A while later, he **brought her the ball**, but the princess *picked it up* and ran away.
- 〈bring+간접목적어(사람)+직접목적어(사물)〉은 '∼에게 …을 가져다주다'의 의미이다.

• pick up은 '타동사+부사'로 이루어진 구동사로서 '~을 집다'의 의미이다. 구동사의 목적어는 부사 앞이나 뒤에 올 수 있지만, 목적어가 대명사인 경우에는 〈타동사+목적어+부사〉의 어순만 가능하다. *cf.* pick up it (X)

28 Animals

p.090

정답	**1** ③ **2** ④ **3** ③ **4** dreams, picky, temperatures, owners
	Word Check **1** stay up **2** normally **3** picky

지문 해석
고양이는 잠을 많이 잔다. 그들은 하루에 16시간까지 잠을 잘 수 있다. 인간과 마찬가지로 고양이는 여러 수면 단계를 가지고 있다. 때때로 그들은 꿈을 꾸기도 한다.

고양이는 보통 동틀녘에 잠에서 깬다. 이때가 그들이 먹이를 사냥할 때이다. 그러고 나서 그들은 낮 동안 다시 잠을 잔다. 해질녘에 그들은 사냥을 하기 위해 다시 잠에서 깬다. 어떤 사람들은 고양이가 밤새 잠을 자지 않는다고 생각하지만, 대부분의 고양이들은 밤에도 많이 잔다.

고양이는 그들이 자는 곳에 대해 까다롭다. 그들은 가장 쾌적한 온도를 찾는다. 여름에는 그들은 시원한 그늘에서 잠을 자지만, 겨울에는 햇살이 내리쬐는 곳을 찾는다. 그러나 일부 애완묘들은 그들의 주인과 함께 자는 것을 선호한다.

문제 해설
1 고양이의 수면 시간, 수면 패턴, 수면 장소 등에 관해 소개하고 있으므로 ③ '고양이의 수면 습관'이 가장 알맞다.
① 내가 가장 좋아하는 애완동물
② 사냥꾼으로서의 고양이
④ 고양이: 최고의 애완동물
⑤ 고양이 돌보기 안내서

2 주어진 문장은 해질녘에 다시 잠에서 깬다는 내용이므로, 시간 순서에 따라 낮 동안 잠을 잔다는 내용과 밤에도 많이 잔다는 내용 사이인 ④에 오는 것이 가장 자연스럽다.

3 대부분의 고양이들은 밤에도 많이 잔다고 했다. (2단락 3~4행)

4 고양이는 잠을 많이 잔다. 그들은 하루에 16시간까지 잘 수 있다. 때때로 그들은 꿈을 꾼다. 대부분의 고양이는 동틀녘과 해질녘에 깬다. 그들은 낮과 밤 대부분의 시간 동안 잠을 잔다. 고양이는 그들이 자는 곳에 대해 까다롭다. 그들은 가장 쾌적한 온도를 찾는다. 그러나 어떤 애완묘들은 그들의 주인과 함께 자는 것을 좋아한다.

> 까다로운   주인   꿈   온도

구문 해설
01행 They can sleep for **up to** sixteen hours *a day*.
• up to: ~까지
• a day: 하루에

05행 **This is when** they hunt for food.
• 〈This is when+주어+동사〉는 '지금이[이때가] ~할 때이다'의 의미이다.

09행 They search for **the most comfortable** temperatures.
• the most comfortable은 comfortable(편안한, 쾌적한)의 최상급으로, '가장 쾌적한'의 의미이다. 3음절 이상의 형용사는 앞에 the most를 붙여 최상급을 만든다.

11행 However, some pet cats **prefer to sleep** with their owners.
• 〈prefer+to-v〉는 '~하는 것을 선호하다'의 의미이다.

UNIT 08

Words & Phrases

p.095

정답
- **A** 1 calm 2 draw 3 fur 4 hide 5 earthquake 6 instrument
- **B** 1 talent 2 encourage 3 tradition 4 exactly 5 decrease 6 expressive

문제 해석
- **A** 1 침착한 2 그리다 3 털, 모피 4 숨다 5 지진 6 악기
- **B** 1 Mary는 음악에 재능이 있다.
  2 훌륭한 선생님들은 학생들을 격려한다.
  3 선물을 교환하는 것은 크리스마스의 전통이다.
  4 지금은 정확히 오후 2시 45분이다.
  5 이 약은 너의 통증을 줄여 줄 것이다.
  6 배우들은 표정이 매우 풍부한 얼굴을 가지고 있어야 한다.

29 Nature

p.096

정답
1 ⑤ 2 ① 3 ⓐ windows ⓑ these safety rules 4 hurt
Word Check 1 drop 2 calm 3 shake

지문 해석
지진은 위험한 사건이다. 지진 중에는 땅이 심하게 흔들린다. 이러한 일이 발생할 때 안전하게 있을 수 있는 몇 가지 방법이 여기 있다.

우선, 실내에 머물러라. 만일 돌아다니면 넘어질지도 모르니 한 방에 머물러라. 둘째로, 책상이나 탁자 밑에 숨어라. 큰 가구는 당신 위로 쓰러질 수도 있으니 그 근처에 가지 마라. 셋째로, 창문에서 멀리 떨어져 있어라. 만일 그것이 깨지면 유리가 당신을 다치게 할 수도 있다.

밖에 있다면 땅에 엎드려라. 건물이나 나무 근처에 가지 마라. 이러한 것들이 당신 위로 쓰러져 당신을 해칠 수도 있다. 가장 중요한 것은, 항상 침착함을 유지해라. 이 안전 수칙들을 기억하고 다른 사람들에게 그것을 따르도록 권장해라.

문제 해설
1 지진이 발생했을 때 지켜야 할 안전 수칙들을 소개하는 글이므로 ⑤가 가장 알맞다.
2 2단락 1행에서 실내에 머무르라고 했으므로 ①은 내용과 일치하지 않는다.
3 문맥상 ⓐ는 앞 문장의 windows를, ⓑ는 앞의 these safety rules를 가리킨다.
4 harm은 '해를 끼치다'의 의미로 2단락 4행의 hurt(다치게 하다)와 바꾸어 쓸 수 있다.

구문 해설
02행 Here are some ways **to stay** safe when this happens.
- to stay는 앞의 명사구 some ways를 수식하는 형용사적 용법의 to부정사이다. 형용사적 용법의 to부정사는 '~할, ~하는'으로 해석한다.

10행 Remember these safety rules and **encourage others to follow** them.
- 〈encourage+목적어+to-v〉는 '~에게 …하도록 권장하다'의 의미이다.

30 Culture

p.098

정답	
	1 ⑤　**2** (1) F　(2) T　**3** ②, ⑤　**4** good luck, grapes, red, onions
	Word Check　**1** tradition　**2** tap　**3** represent

지문 해석　당신은 새해 전날을 기념하는가? 많은 나라들이 그들만의 특별한 전통이 있다. 때때로 이 전통들은 운에 초점을 맞춘다.

스페인에서 사람들은 자정에 정확히 12알의 포도를 먹는다. 각각의 포도는 1년 중 한 달을 나타낸다. 그것을 먹는 것은 일년 내내 당신에게 행운이 있을 것임을 의미한다.

중국 사람들은 붉은색이 행운을 가져다준다고 믿는다. 새해 전날, 사람들은 그들의 문을 붉게 칠한다. 그들은 또한 붉은색 등과 플래카드를 밖에 건다.

그리스 사람들은 양파가 행운을 가져다준다고 믿는다. 그들은 새해 전날에 양파를 문에 걸어둔다. 다음 날, 그들은 그 양파로 자신의 아이들을 톡톡 친다. 그들은 이것이 그 아이들에게 행운을 주기를 바란다.

문제 해설　**1** 새해 전날 행운을 기원하는 나라별 전통을 소개하고 있으므로, ⑤ '행운을 가져다주는 새해 전날 전통들'이 가장 알맞다.
① 새해 전날 먹는 음식들
② 중국의 행운의 색들
③ 인기 있는 행운의 상징들
④ 새해 전날을 보낼 장소들

2 (1) 스페인 사람들은 새해 전날 자정에 정확히 12알의 포도를 먹는다고 했다. (2단락 1행)
(2) 그리스 사람들은 양파가 행운을 가져다준다고 믿어 새해 전날 문에 걸어둔다고 했다. (4단락 1~3행)

3 중국 사람들은 붉은색이 행운을 가져다준다고 믿어 새해 전날 문을 붉게 칠하고 붉은색 등과 플래카드를 밖에 건다고 했다. (3단락)
① 그들은 선물로 포도를 준다.
② 그들은 문을 붉게 칠한다.
③ 그들은 자정에 포도를 먹는다.
④ 그들은 양파로 자신의 아이들을 톡톡 친다.
⑤ 그들은 밖에 붉은색 등과 플래카드를 걸어둔다.

4 많은 나라에서 새해 전날 전통들이 있다. 어떤 사람들은 그 전통들이 행운을 가져다준다고 믿는다. 스페인에서 사람들은 자정에 12알의 포도를 먹는다. 중국에서 어떤 사람들은 문을 붉게 칠한다. 다른 사람들은 밖에 붉은색 등이나 플래카드를 걸어둔다. 그리스에서 사람들은 양파가 행운을 가져다준다고 믿는다. 새해 전날에 그들은 문에 그것을 걸어둔다.

양파　　붉은　　포도　　행운

구문 해설　**04행**　**Each grape represents** one month of the year.
• each(각각의)는 항상 단수명사, 단수동사와 함께 쓰인다.

05행　**Eating them *means*** [(*that*) you will have good luck all year].
• Eating them은 주어로 쓰인 동명사구로 '그것들을 먹는 것'으로 해석한다. 동명사구 주어는 단수 취급하므로 단수동사 means가 쓰였다.
• [ ]는 means의 목적어절로 means 뒤에 접속사 that이 생략되었다.

14행　They **hope** [(**that**) this will *give the children good luck*].

UNIT 08　033

• [ ]는 hope의 목적어절로 hope 뒤에 접속사 that이 생략되었다.
• 〈give+간접목적어(사람)+직접목적어(사물)〉는 '~에게 …을 주다'의 의미이다.

31 Animals

p.100

정답	**1** ⑤ **2** ④ **3** ③, ④ **4** expressive
	Word Check **1** joyful **2** fur **3** population

지문 해석   마눌들고양이는 중앙아시아에 사는 야생 고양이다. 그것은 집고양이 정도의 크기이지만 숱이 많은 털 때문에 더 커 보인다. 마눌들고양이는 독특한 외모로 알려져 있다. 그들은 납작하고 둥근 얼굴을 가지고 있다. 그들의 귀는 짧고 사이가 넓다.

마눌들고양이는 대부분 티베트, 몽고, 중국 서부에 산다. 그러나 그들의 개체 수는 급격히 줄어들고 있다. 사람들이 그들의 서식지를 파괴하고 있다. 게다가, 사람들은 종종 모피 때문에 그들을 죽인다.

마눌들고양이는 표정이 풍부한 얼굴을 가지고 있다. 그들은 즐겁거나 호기심이 많아 보일지도 모른다. 그들은 심지어 겁먹거나 졸려 보일지도 모른다. 인간의 표정을 가진 고양이를 보는 것은 재미있다. 이것은 그들을 온라인 상에서 인기 있게 만들었다.

문제 해설   **1**   마눌들고양이는 야생 고양이로 온라인상에서 인기가 많다고 했으므로 ⑤는 내용과 일치하지 않는다.

2   빈칸 앞뒤로 마눌들고양이의 개체 수가 줄어들고 있는 이유가 각각 언급되었으므로 ④ '게다가'가 가장 알맞다.
① 마지막으로   ② 그러나   ③ 그러므로   ⑤ 다시 말해서

3   마눌들고양이는 사람들이 그들의 서식지를 파괴하고 모피를 얻기 위해 그들을 죽이기 때문에 개체 수가 줄어들고 있다고 했다. (2단락 2~3행)

4   마눌들고양이는 표정이 풍부한 얼굴을 가지고 있기 때문에 온라인상에서 인기가 많다.

구문 해설   **01행**   It is about the size of a housecat, but it looks bigger **because of** its thick fur.
• 〈because of+명사(구)〉는 '~ 때문에'의 의미이다.
• thick은 '숱이 많은'의 의미로 쓰였다.

03행   Manuls **are known for** their unique looks.
• be known for: ~로 알려져 있다

09행   They might **look joyful** or **curious**.
• 〈look+형용사〉는 '~하게 보이다'의 의미이다. '~하게'라고 부사처럼 해석되지만 형용사가 오는 것에 주의한다.
cf. look joyfully (x), look curiously (x)

10행   **It** is funny **to see a cat with human expressions**.
• It은 가주어, to see ~ expressions가 진주어이다.

32 Teens

1 ③   **2** ④   **3** talents, mind

Word Check **1** develop   **2** draw   **3** talent

지문 해석

당신은 취미를 가지고 있는가? 당신은 취미를 갖기에 너무 바쁠지도 모른다. 그러나 취미를 갖는 것에는 많은 장점들이 있다.

우선, 당신은 재능을 발견할 수 있다. 새로운 것들을 시도해보지 않는다면 당신이 무엇을 잘하는지 알기 힘들다. 새로운 취미를 찾고 있을 때 당신은 그림이나 악기 연주를 시도해볼지도 모른다. 당신은 또한 연기나 춤을 시도해볼 수도 있다. 당신은 재능을 개발하고 자신을 자랑스러워할 수 있다.

둘째로, 취미는 당신이 건강을 유지하도록 도울 수 있다. 스포츠를 하거나 운동을 하는 것은 당신의 몸을 튼튼하게 만들어 줄 수 있다. 어떤 취미들은 정신에 좋다. 음악을 듣고 책을 읽는 것은 당신을 차분하고 행복한 상태로 유지해줄 수 있다.

문제 해설

1 취미를 갖는 것의 장점들을 소개하는 글이므로 ③이 가장 알맞다.

2 주어진 문장의 연기(acting)나 춤(dancing)은 그림 그리기나 악기 연주 외에 추가로 시도해볼 수 있는 것들이므로 ④에 오는 것이 가장 자연스럽다.

3 취미는 당신이 재능을 발견하도록 도울 수 있다. 그것은 또한 당신의 신체와 정신에 좋다.

구문 해설

02행 However, there are many advantages to **having** hobbies.
• having은 전치사 to의 목적어로 쓰인 동명사이다. having hobbies는 '취미를 갖는 것'으로 해석한다.

03행 **It** is hard **to know *what you are good at*** if you don't try new things.
• It은 가주어, to know ~ at이 진주어이다.
• what you are good at은 '당신이 무엇을 잘하는지'의 의미이다. 의문문이 문장의 일부로 쓰인 간접의문문으로 〈의문사＋주어＋동사〉의 어순에 유의한다.

05행 **When** (you are) searching for a new hobby, you might *try drawing* or *playing* an instrument.
• 접속사 When 뒤에 you are가 생략되었다. 부사절과 주절의 주어가 같을 경우에 부사절의 〈주어＋be동사〉는 생략할 수 있다.
• 〈try＋-ing〉는 '(시험 삼아) ~해 보다'의 의미이다. 〈try＋to-v〉는 '~하려고 노력하다'의 의미이다.

06행 You can develop your talents and feel **proud of** *yourself*.
• proud of: ~을 자랑스러워하는
• 목적어가 주어 You와 동일하므로 목적어 자리에 재귀대명사 yourself(너 자신)가 쓰였다.

08행 **Playing sports** or **working out** can *make your body strong*.
• Playing sports(스포츠를 하는 것)와 working out(운동하는 것)은 주어로 쓰인 동명사구이다.
• 〈make＋목적어＋형용사〉는 '~을 …하게 만들다'의 의미이다.

UNIT 08 | 035

Workbook

UNIT 01 p.002

A 1 ⓓ 2 ⓑ 3 ⓔ 4 ⓒ 5 ⓐ

B 1 ④ 2 ②

C 1 ripen 2 hosts 3 explore

D 1 grow up 2 take place

E 1 지구는 점점 더 따뜻해지고 있다.
   2 그녀는 금요일마다 학교에 가지 않았다.
   3 아보카도는 며칠 후에 익을 것이다.
   4 치즈 축제에서는 많은 다른 할 것들이 있다.
   5 이것은 침식 때문이다.

F 1 She wondered why people did not care about it.
   2 Today, millions of people around the world join her to fight climate change.
   3 Have you ever tried a ripe avocado?
   4 Are you curious about how to make cheese?
   5 It was built by an Inca king around 1450.

UNIT 02 p.004

A 1 ⓑ 2 ⓓ 3 ⓔ 4 ⓒ 5 ⓐ

B 1 ④ 2 ③

C 1 cost 2 judge 3 apologize

D 1 laugh at 2 belong to

E 1 대부분의 사람들은 손을 방패로 사용한다.
   2 그런 다음 당신은 물건을 만짐으로써 이 세균들을 퍼뜨린다.
   3 Jessica도 기분이 좋지 않았다.
   4 그들은 아이들이 노래와 공연을 더 잘하도록 도와주었다.
   5 먼저, Gutzon Borglum이라는 이름의 한 조각가가 모형을 만들었다.

F 1 Bend your arm around your face.
   2 This will prevent the germs from spreading.
   3 Eventually, I asked my teacher for advice.
   4 Since 2012, the format has been marketed worldwide.
   5 It did not finish until 1941.

UNIT 03 p.006

A 1 ⓓ 2 ⓒ 3 ⓐ 4 ⓔ 5 ⓑ

B 1 ② 2 ④

C 1 safe 2 stick 3 compete

D 1 show off 2 on horseback

E 1 휴대 전화를 소지하는 것은 방해가 될 수 있다.
   2 십대들은 휴대 전화를 비상시에 사용할 수 있다.
   3 목표는 사막을 숲으로 바꾸는 것이다.
   4 그 그룹은 나무를 심음으로써 이것을 한다.
   5 코끼리는 말보다 훨씬 더 느리게 움직인다.

F 1 It is true that cell phones can be a distraction.
   2 This dust makes the air unsafe to breathe.
   3 They will also stop sand from getting into the air.
   4 Hair only made people feel hotter.
   5 However, the game is still exciting to watch and play.

UNIT 04 p.008

A 1 ⓒ 2 ⓔ 3 ⓐ 4 ⓑ 5 ⓓ

B 1 ④ 2 ③

C 1 tie 2 practice 3 shared

D 1 take out 2 take care of

E 1 우리는 너무 피곤해서 요리를 할 수 없으므로 식당에 간다.
   2 쇼콜라티에는 그들의 하루를 새로운 초콜릿 먹거리를 만들면서 보낸다.
   3 운동하는 것이나 충분한 수면을 취하는 것이 도움이 될 수 있다.
   4 당신은 무엇을 살지 어떻게 결정할 수 있는가?
   5 또는 그것이 사용하기에 안전하지 않을지도 모른다.

F 1 We tidy up our desks and dust the shelves.
   2 Who makes chocolate taste so great?
   3 There are a few things you need to do.
   4 Before sleeping, tie your hair away from your face.
   5 This can help people make better choices.

A　1 ⓓ　　2 ⓐ　　3 ⓔ　　4 ⓑ　　5 ⓒ

B　1 ③　　2 ①

C　1 borrow　　2 bone　　3 sheep

D　1 fall off　　2 hundreds of

E　1 때때로 그들은 자신만의 속도로 타는 것을 즐긴다.

　　2 자연에서 시간을 보내는 것은 또한 스트레스를 줄일 수 있다.

　　3 만약에 그들이 더 이상 걸을 수 없다면 어떻게 될까?

　　4 때로는 양과 닭조차 돌아다니는 데 어려움을 겪을 수 있다.

　　5 친구들을 사귀기 위해 제가 할 수 있는 일이 있을까요?

F　1 Many people think of their pets as family members.

　　2 These days, there are animal wheelchairs on farms, too.

　　3 Always be polite to your classmates.

　　4 This is great for readers who have trouble seeing.

　　5 This means people download and read e-books without paying for them.

A　1 ⓑ　　2 ⓒ　　3 ⓔ　　4 ⓐ　　5 ⓓ

B　1 ③　　2 ②

C　1 bakery　　2 string　　3 protect

D　1 Once　　2 at least

E　1 반드시 짧은 사용자 이름을 선택하도록 해라.

　　2 더 많은 사람들이 당신의 영상들을 볼수록 당신은 더 많은 돈을 번다.

　　3 그 이유는 선인장 줄기가 매우 두껍기 때문이다.

　　4 마지막으로, 식물은 잎을 통해 수분을 잃는다.

　　5 약 30,000년 전에, 초기 인류는 곡물을 물과 섞었다.

F　1 Next, add content to your channel.

　　2 Choose a theme and try to stick to it.

　　3 Cactus spines protect the plant from hungry animals, too.

　　4 Children hit them with sticks to break them open.

　　5 This made bread fluffy.

A　1 ⓔ　　2 ⓓ　　3 ⓑ　　4 ⓐ　　5 ⓒ

B　1 ④　　2 ②

C　1 comfortable　　2 hunt　　3 shade

D　1 look forward to　　2 on display

E　1 방학 동안 학생들은 휴식을 취할 자유 시간을 더 많이 갖는다.

　　2 이것은 그들의 관계를 더 좋게 만든다.

　　3 이러한 것들은 학생들이 교실 밖에서 배울 수 있도록 해준다.

　　4 그들은 사람들이 플라스틱을 덜 사용하기를 원한다.

　　5 어느 날, 그녀는 황금 공을 가지고 놀고 있었다.

F　1 Vacations also give students more time with their family and friends.

　　2 Then, they filled the windows with the bags.

　　3 They wanted to draw attention to plastic pollution.

　　4 They can sleep for up to sixteen hours a day.

　　5 Cats are picky about where they sleep.

A　1 ⓒ　　2 ⓓ　　3 ⓑ　　4 ⓐ　　5 ⓔ

B　1 ①　　2 ④

C　1 proud　　2 Shake　　3 harm

D　1 stay away　　2 is good at

E　1 이 안전 수칙들을 기억하고 다른 사람들에게 그것을 따르도록 권장해라.

　　2 그들은 이것이 아이들에게 행운을 주기를 바란다.

　　3 마늘훈고양이는 독특한 외모로 알려져 있다.

　　4 인간의 표정을 가진 고양이를 보는 것은 재미있다.

　　5 스포츠를 하거나 운동을 하는 것은 당신을 튼튼하게 해줄 수 있다.

F　1 Here are some ways to stay safe when this happens.

　　2 Each grape represents one month of the year.

　　3 The next day, they tap their children with the onions.

　　4 It looks bigger because of its thick fur.

　　5 You can develop your talents and feel proud of yourself.

내신공략! 독해공략!

내공 중학영어독해 예비중

★ 재미있고 유익한 **32개 지문**
★ 중등 영어교과서 **핵심 기초 문법** 연계
★ 독해력 향상을 위한 **다양한 어휘 문제**
★ 중등 내신 대비 **서술형 문항** 강화
★ 지문 이해도를 높여주는 **배경 지식 코너**
★ 어휘 · 문장 복습을 위한 **워크북** 제공

온라인 학습자료 www.darakwon.co.kr
· MP3 파일   · 단어 리스트
· 단어 테스트   · Dictation Sheet
· 지문 해석 Worksheet · Review Test 8회

문제 출제 프로그램 voca.darakwon.co.kr
· 다양한 형태의 단어 테스트 제작 · 출력 가능

내신공략! 독해공략!

내공
중학영어독해

예비중 **1**

Workbook

내신공략! 독해공략!

내공
중학영어독해

예비중
1

Workbook

DARAKWON

Vocabulary Practice

A 다음 영영 뜻풀이에 해당하는 단어를 알맞게 연결하시오.

1 ignore ·   ·ⓐ very old
2 alone ·   ·ⓑ without other people
3 ripe ·   ·ⓒ to learn something new
4 discover ·   ·ⓓ to pay no attention to something
5 ancient ·   ·ⓔ fully grown and ready to eat

B 밑줄 친 단어와 비슷한 의미의 단어나 어구를 고르시오.

1 This fried rice is very tasty.
  ① fresh   ② sweet   ③ healthy   ④ delicious

2 Don't disturb the papers on my desk.
  ① place   ② touch   ③ watch   ④ throw away

C 다음 문장의 빈칸에 들어갈 알맞은 말을 골라 쓰시오.

hosts	explore	serves	ripen	join

1 Apples and pears ＿＿＿＿＿＿＿ in fall.
2 The city ＿＿＿＿＿＿＿ a film festival every summer.
3 They sent the spacecraft to ＿＿＿＿＿＿＿ the moon.

D 다음 주어진 우리말에 맞게 빈칸을 채우시오.

1 It is nice to ＿＿＿＿＿＿＿ ＿＿＿＿＿＿＿ in a big family.
대가족에서 자라는 것은 좋다.

2 The soccer game will ＿＿＿＿＿＿＿ ＿＿＿＿＿＿＿ next Friday.
그 축구 경기는 다음주 금요일에 열릴 것이다.

Sentence Practice

E 밑줄 친 부분에 유의하여 다음을 해석하시오.

1 The Earth is <u>getting warmer and warmer</u>.

_____

2 She did not go to school <u>on Fridays</u>.

_____

3 The avocados <u>will</u> be ripe <u>in</u> a few days.

_____

4 There are many other things <u>to do</u> at the cheese festival.

_____

5 This is <u>due to</u> erosion.

_____

F 다음 우리말과 같은 뜻이 되도록 괄호 안의 어구를 바르게 배열하시오.

1 그녀는 왜 사람들이 그것에 대해 신경 쓰지 않는지 궁금했다.
(wondered / did not / She / care about / why / it. / people)

_____

2 오늘날, 전 세계 수백만 명의 사람들이 기후 변화와 싸우기 위해 그녀와 함께한다. (join / Today, / to fight / millions of people / her / around the world / climate change.)

_____

3 잘 익은 아보카도를 먹어본 적이 있는가?
(ever / Have / tried / you / a ripe avocado?)

_____

4 치즈를 만드는 방법이 궁금한가? (curious about / you / make / how to / Are / cheese?)

_____

5 그곳은 1450년경에 잉카 왕에 의해 세워졌다.
(It / around 1450. / was built / by Inca King)

_____

Vocabulary Practice

A 다음 영영 뜻풀이에 해당하는 단어를 알맞게 연결하시오.

1 bend   •   • ⓐ someone who creates sculptures

2 landscape •   • ⓑ to form a curve

3 competition •   • ⓒ to show something on television or the radio

4 air   •   • ⓓ a picture showing natural scenery

5 sculptor •   • ⓔ an event in which people try to win a prize

B 밑줄 친 단어와 비슷한 의미의 단어를 고르시오.

1 She is thirty-five, so she is an <u>adult</u>.

① child   ② mother   ③ teenager   ④ grown-up

2 I'm <u>upset</u> that you broke my phone.

① pleased   ② tired   ③ angry   ④ excited

C 다음 문장의 빈칸에 들어갈 알맞은 말을 골라 쓰시오.

cost	sneeze	judge	apologize	perform

1 My sister's new laptop _____ about $800.

2 The _____ picked the winner of the dance contest.

3 I always _____ to my friends after a fight.

D 다음 주어진 우리말에 맞게 빈칸을 채우시오.

1 You should not _____ _____ other people's mistakes.
다른 사람의 실수를 비웃으면 안 된다.

2 Those books _____ _____ my brother.
저 책들은 나의 형 것이다.

Sentence Practice

E 밑줄 친 부분에 유의하여 다음을 해석하시오.

1 Most people use their hands <u>as</u> a shield.

---

2 Then, you spread these germs <u>by touching</u> things.

---

3 Jessica was not happy, <u>either</u>.

---

4 They <u>helped the children sing and perform</u> better.

---

5 First, a sculptor <u>named</u> Gutzon Borglum made a model.

F 다음 우리말과 같은 뜻이 되도록 괄호 안의 어구를 바르게 배열하시오.

1 팔을 얼굴 주위로 굽혀라. (your arm / Bend / your face. / around)

---

2 이것은 세균이 퍼지는 것을 막아줄 것이다.
(will / from / the germs / This / prevent / spreading.)

---

3 결국, 나는 선생님께 조언을 구했다.
(Eventually, / asked / I / my teacher / advice. / for)

---

4 2012년부터, 그 형식은 전 세계에게 판매되어 왔다.
(has been / worldwide. / the format / Since 2012, / marketed)

---

5 그것은 1941년이 되어서야 비로소 끝났다. (until / did not / It / finish / 1941.)

Vocabulary Practice

A 다음 영영 뜻풀이에 해당하는 단어를 알맞게 연결하시오.

1 emergency ·   · ⓐ not pretty

2 dust ·   · ⓑ happening often

3 ugly ·   · ⓒ dry, fine powder that comes from soil or sand

4 bald ·   · ⓓ an unexpected and dangerous situation

5 common ·   · ⓔ having little or no hair on one's head

B 밑줄 친 단어와 비슷한 의미의 단어를 고르시오.

1 Be careful when hiking in the forest.
　① camp　　　　② woods　　　　③ mountain　　　　④ desert

2 Let's select the color of the dress first.
　① check　　　　② bring　　　　③ match　　　　④ choose

C 다음 문장의 빈칸에 들어갈 알맞은 말을 골라 쓰시오.

safe	wig	stick	carry	compete

1 You should not walk alone late at night. It's not _____.

2 A hockey player needs a(n) _____ and skates.

3 The two teams will _____ for the trophy.

D 다음 주어진 우리말에 맞게 빈칸을 채우시오.

1 The boy wants to _____ _____ his new bike.
그 소년은 그의 새 자전거를 자랑하고 싶어한다.

2 Cowboys usually travel _____ _____.
카우보이들은 보통 말을 타고 여행한다.

Sentence Practice

E 밑줄 친 부분에 유의하여 다음을 해석하시오.

1 Having a cell phone can be a distraction.

2 Teens can use cell phones in emergencies.

3 The goal is to turn deserts into forests.

4 The group does this by planting trees.

5 Elephants move much slower than horses.

F 다음 우리말과 같은 뜻이 되도록 괄호 안의 어구를 바르게 배열하시오.

1 휴대 전화가 방해가 될 수 있다는 것은 사실이다.
(true / cell phones / It is / a distraction. / can be / that)

2 이 먼지는 공기를 숨쉬기 위험하게 만든다.
(to breathe. / This dust / unsafe / makes / the air)

3 그것은 또한 모래가 공기 중에 유입되는 것을 막아줄 것이다.
(stop / They / will also / from / the air. / sand / getting into)

4 머리카락은 사람들을 더 덥게 만들 뿐이었다. (made / feel / people / Hair only / hotter.)

5 그러나 그 경기는 여전히 보고 하기에 흥미진진하다.
(is still / However, / to watch / the game / exciting / and play.)

UNIT 04

Vocabulary Practice

A 다음 영영 뜻풀이에 해당하는 단어를 알맞게 연결하시오.

1 recipe   ·
2 eventually ·
3 mild   ·
4 pore   ·
5 warn   ·

· ⓐ not very strong
· ⓑ a tiny hole in the skin
· ⓒ a set of instructions for cooking a particular food
· ⓓ to tell someone that something bad may happen
· ⓔ finally; in the end

B 밑줄 친 단어와 비슷한 의미의 단어를 고르시오.

1 You should pet baby animals <u>gently</u>.
  ① happily   ② wildly   ③ quickly   ④ softly

2 The school <u>provides</u> free books for students.
  ① keeps   ② sells   ③ gives   ④ passes

C 다음 문장의 빈칸에 들어갈 알맞은 말을 골라 쓰시오.

tie	cage	shared	practice	celebrated

1 Brian stopped to _____ his shoe.
2 There is basketball _____ every Friday.
3 Jessie and I _____ a sandwich for lunch.

D 다음 주어진 우리말에 맞게 빈칸을 채우시오.

1 Please _____ _____ the recycling every Tuesday.
화요일마다 재활용품을 내놓으세요.

2 Emma should _____ _____ _____ her sick mother.
Emma는 그녀의 아픈 어머니를 돌봐야 한다.

Sentence Practice

E 밑줄 친 부분에 유의하여 다음을 해석하시오.

1 We are <u>too tired to cook</u>, so we go to a restaurant.

_____

2 Chocolatiers <u>spend their days making</u> new chocolate treats.

_____

3 <u>Exercising</u> or <u>getting enough sleep</u> can help.

_____

4 How can you decide <u>what to buy</u>?

_____

5 Or it might not be <u>safe to use</u>.

_____

F 다음 우리말과 같은 뜻이 되도록 괄호 안의 어구를 바르게 배열하시오.

1 우리는 책상을 정리하고 선반의 먼지를 턴다.
(tidy up / the shelves. / We / dust / our desks / and)

_____

2 누가 초콜릿을 그렇게 맛있게 만드는가? (so great? / chocolate / makes / taste / Who)

_____

3 당신이 해야 할 몇 가지 일이 있다. (There are / you / a few / need / things / to do.)

_____

4 자기 전에, 당신의 머리를 얼굴에서 떨어지게 묶어라.
(tie / Before / away from / sleeping, / your hair / your face.)

_____

5 이것은 사람들이 더 나은 선택을 하도록 도울 수 있다.
(better choices. / This / people / can help / make)

_____

Vocabulary Practice

A 다음 영영 뜻풀이에 해당하는 단어를 알맞게 연결하시오.

1 path ·   · ⓐ to say hello to someone

2 greet ·   · ⓑ easy to use or very useful

3 nervous ·   · ⓒ the act of stealing

4 convenient ·   · ⓓ a way from one place to another

5 theft ·   · ⓔ worried about something

B 밑줄 친 단어와 비슷한 의미의 단어를 고르시오.

1 Roald Dahl was a children's book <u>author</u>.

   ① pilot   ② artist   ③ writer   ④ doctor

2 This medicine will help <u>relieve</u> the pain.

   ① ease   ② treat   ③ cause   ④ forget

C 다음 문장의 빈칸에 들어갈 알맞은 말을 골라 쓰시오.

bone	wheel	sheep	lose	borrow

1 Can I _____ your cell phone, please?

2 A broken _____ can heal itself over time.

3 The wool in this sweater came from a _____.

D 다음 주어진 우리말에 맞게 빈칸을 채우시오.

1 Be careful not to _____ _____ the ladder.
사다리에서 떨어지지 않도록 조심해라.

2 There are _____ _____ bees in the hive.
벌집에는 수백 마리의 벌이 있다.

Sentence Practice

E 밑줄 친 부분에 유의하여 다음을 해석하시오.

1 Sometimes they enjoy riding <u>at their own pace</u>.

_____

2 <u>Spending time in nature</u> can also reduce stress.

_____

3 <u>What if</u> they cannot walk anymore?

_____

4 Sometimes sheep and even chickens <u>have trouble getting around</u>.

_____

5 Is there <u>anything I can do</u> to make friends?

_____

F 다음 우리말과 같은 뜻이 되도록 괄호 안의 어구를 바르게 배열하시오.

1 많은 사람들이 그들의 애완동물을 가족 구성원으로 생각한다.
(Many people / family members. / their pets / as / think of)

_____

2 요즈음에는 농장에도 동물 휠체어가 있다.
(These days, / animal wheelchairs / on farms, / there are / too.)

_____

3 항상 반 친구들에게 예의 바르게 행동해라. (polite / Always / your classmates. / be / to)

_____

4 이것은 시력에 문제가 있는 독자들에게 매우 좋다
(This is / who / great for / seeing. / readers / have trouble)

_____

5 이것은 사람들이 비용을 지불하지 않고 전자책을 다운로드해서 읽는 것을 의미한다. (without /

people download / paying for them. / This means / and read e-books)

_____

Vocabulary Practice

A 다음 영영 뜻풀이에 해당하는 단어를 알맞게 연결하시오.

1 theme ·   · ⓐ enjoyable

2 survive ·   · ⓑ the main subject or idea

3 root ·   · ⓒ to stay alive

4 fun ·   · ⓓ seeds from corn, wheat, rice, etc.

5 grain ·   · ⓔ the part of a plant that grows under the ground

B 밑줄 친 단어와 비슷한 의미의 단어를 고르시오.

1 The meat I bought was <u>uncooked</u>.

  ① bad   ② cold   ③ raw   ④ thick

2 Emily <u>stored</u> her old books under her bed.

  ① read   ② kept   ③ sold   ④ made

C 다음 문장의 빈칸에 들어갈 알맞은 말을 골라 쓰시오.

prize	string	protect	bakery	mix

1 This _____ sells cakes, cookies, and bread.

2 Mike broke a(n) _____ on his guitar.

3 Sunscreen can _____ your skin from the sun.

D 다음 주어진 우리말에 맞게 빈칸을 채우시오.

1 _____ you try it, you will want more.
일단 그것을 먹어보면, 더 먹고 싶어질 것이다.

2 You need _____ _____ two people to play tennis.
테니스를 치기 위해서는 최소 두 사람이 필요하다.

Sentence Practice

E 밑줄 친 부분에 유의하여 다음을 해석하시오.

1 <u>Make sure to choose</u> a short username.

_____

2 <u>The more</u> people watch your videos, <u>the more</u> money you make.

_____

3 <u>The reason is that</u> cactus stems are very thick.

_____

4 Lastly, plants lose water <u>through</u> their leaves.

_____

5 Around 30,000 years ago, early humans <u>mixed grains with water</u>.

_____

F 다음 우리말과 같은 뜻이 되도록 괄호 안의 어구를 바르게 배열하시오.

1 그 다음에, 당신의 채널에 내용을 추가해라. (Next, / your channel. / content / add / to)

_____

2 하나의 주제를 골라 그것을 고수하도록 해라.
(a theme / try to / and / it. / Choose / stick to)

_____

3 선인장 가시는 그 식물을 굶주린 동물들로부터 보호해주기도 한다.
(protect / the plant / Cactus spines / hungry animals, / from / too.)

_____

4 아이들은 그것들을 부수어 열기 위해 막대기로 친다.
(Children / to / with sticks / break them open. / hit them)

_____

5 이것은 빵을 부풀어오르게 만들었다. (bread / made / This / fluffy.)

_____

Vocabulary Practice

A 다음 영영 뜻풀이에 해당하는 단어를 알맞게 연결하시오.

1 overload ·   · ⓐ made of gold

2 relax ·   · ⓑ to damage something badly

3 destroy ·   · ⓒ to say something that is not true

4 golden ·   · ⓓ to rest or do something enjoyable

5 lie ·   · ⓔ the fact of having too much of something

B 밑줄 친 단어와 비슷한 의미의 단어나 어구를 고르시오.

1 The actor is tall and <u>handsome</u>.
  ① slim   ② ugly   ③ wealthy   ④ good-looking

2 Did you <u>attend</u> your aunt's wedding last weekend?
  ① plan   ② go to   ③ enjoy   ④ watch

C 다음 문장의 빈칸에 들어갈 알맞은 말을 골라 쓰시오.

hunt	picky	comfortable	shade	castle

1 My new bed is very _____.

2 Most male lions do not _____ for food.

3 The woman is sitting in the _____ of the tree.

D 다음 주어진 우리말에 맞게 빈칸을 채우시오.

1 Most children _____ _____ _____ the Christmas holidays.
대부분의 아이들은 크리스마스 연휴를 몹시 기다린다.

2 The Mona Lisa is _____ _____ in the Louvre Museum.
'모나리자'는 루브르 박물관에 전시 중이다.

Sentence Practice

E 밑줄 친 부분에 유의하여 다음을 해석하시오.

1 During vacations, students have more free time <u>to relax</u>.

_____

2 This <u>makes their relationships better</u>.

_____

3 These things <u>allow them to learn</u> outside the classroom.

_____

4 They <u>want people to use</u> less plastic.

_____

5 One day, she <u>was playing</u> with a golden ball.

_____

F 다음 우리말과 같은 뜻이 되도록 괄호 안의 어구를 바르게 배열하시오.

1 방학은 또한 학생들에게 가족 및 친구들과 함께할 더 많은 시간을 준다.
(also / more time / Vacations / with their family and friends. / give students)

_____

2 그런 다음 그들은 창문을 봉지로 가득 채웠다.
(filled / the bags. / they / the windows / Then, / with)

_____

3 그들은 플라스틱 오염에 관심을 끌기를 원했다.
(to plastic pollution. / They / to draw attention / wanted)

_____

4 그들은 하루에 16시간까지 잠을 잘 수 있다.
(up to / They can / sixteen hours / sleep for / a day.)

_____

5 고양이들은 그들이 자는 곳에 대해 까다롭다.
(they / picky about / Cats / where / sleep. / are)

_____

Vocabulary Practice

A 다음 영영 뜻풀이에 해당하는 단어를 알맞게 연결하시오.

1 calm · · ⓐ to become less

2 tradition · · ⓑ to hit something lightly

3 tap · · ⓒ not showing any anger, worry, or excitement

4 decrease · · ⓓ a very old belief or custom

5 instrument · · ⓔ an object used to produce music

B 밑줄 친 단어와 비슷한 의미의 단어를 고르시오.

1 The number of fish increased <u>rapidly</u>.

① fast　　　② slowly　　　③ shortly　　　④ quietly

2 These flowers have a <u>unique</u> smell.

① bad　　　② sweet　　　③ strange　　　④ unusual

C 다음 문장의 빈칸에 들어갈 알맞은 말을 골라 쓰시오.

| draw | proud | shake | harm | encourage |

1 David is very _____ of his father.

2 _____ the bottle before you open it.

3 Using plastic bags can _____ the environment.

D 다음 주어진 우리말에 맞게 빈칸을 채우시오.

1 It is best to _____ _____ from wild animals.
야생 동물들로부터는 떨어져 있는 것이 최선이다.

2 The pop group _____ _____ _____ singing and dancing.
그 팝 그룹은 노래와 춤에 능숙하다.

Sentence Practice

E 밑줄 친 부분에 유의하여 다음을 해석하시오.

1 Remember these safety rules and <u>encourage others to follow</u> them.

_____

2 They hope this will <u>give the children good luck</u>.

_____

3 Manuls <u>are known for</u> their unique looks.

_____

4 <u>It</u> is funny <u>to see a cat with human expressions</u>.

_____

5 Playing sports or working out can <u>make your body strong</u>.

F 다음 우리말과 같은 뜻이 되도록 괄호 안의 어구를 바르게 배열하시오.

1 이러한 일이 발생할 때 안전하게 있을 수 있는 몇 가지 방법이 여기 있다.
(when / some ways / happens. / Here are / to stay safe / this)

_____

2 각각의 포도는 1년 중 한 달을 나타낸다.
(represents / of the year. / Each grape / one month)

_____

3 다음 날, 그들은 그 양파로 자신의 아이들을 톡톡 친다.
(their children / The next day, / tap / with the onions. / they)

_____

4 그것은 숱이 많은 털 때문에 더 커 보인다.
(It / thick fur. / bigger / because of / looks / its)

_____

5 당신은 재능을 개발하고 자신을 자랑스러워할 수 있다.
(You can / your talents / feel proud of / develop / and / yourself.)

_____

MEMO